강남을
읽다

강남을 읽다

강남 형성과 강남 현상을 찾아서

전상봉 지음

'강남 형성'과 '강남 현상'을 들춰보다

2008년 글로벌 금융위기를 겪으며《자본주의, 미국의 역사》를 펴낸 지 6년 5개월 만에 또 한 권의 책을 세상에 내놓는다.

이 책을 펴내는 이유는 두 가지다. '강남 형성'과 '강남 현상'을 들춰보기 위해서다. 인터넷에서 강남(江南)을 검색해 보면 '강의 남쪽지역', '서울의 한강 이남지역', '중국의 양쯔강 남쪽지방'을 일컫는다고 설명한다. 이 같은 설명은 말 그대로 사전적인 뜻풀이에 지나지 않는다.

우리가 흔히 사용하는 강남의 의미는 좁게 보면 강남구를, 넓게 보면 강남구, 서초구, 송파구를 일컫는다. 강남이 '강의 남쪽지역'도, '서울의 한강 이남지역'도 아닌 서울의 특정한 지역만을 의미하게 된 이유는 1960년대에 강남 개발이 촉발되고, 1990년대에 강남 개발이 일단락되면서 배태되었다. 제3한강교(한남대교)와 경부고속도로 건설로 촉발된 강남 개발은 1970년대에 반포주공1단지를 비롯한 대단위 아파트 단지들이 건설되고, 86아시안게임과 88서울올림픽을 거쳐 1990년대에 개발이 완료되면서 강남은 우리 사회의 상징적인 지역이 되었다. 강남이 우리 사회의 부와 권력의 상징적인 지역으로 탄생하는 과정을 살펴보는 게 이 책을 쓴 첫 번째 이유이다.

두 번째 이유는 강남 현상을 들춰보기 위해서다. 필자가 생각하는 강남 현상이란 개발 독재, 토건국가, 아파트공화국, 부동산 폭등, 사교육, 비리와 안전사고, 부의 양극화, 소비문화 들을 포괄하는 개념이다. 강남은 이 같은 문제들을 포괄하고 증폭시키는 진원지이다. 이 때문에 강남의 개념은 서울의 강남구, 또는 강남구, 서초구, 송파구를 지칭하는 지역적 범위로만 한정할 수가 없다.

　강남의 의미에는 '한강의 기적'이라는 경제 성장의 빛과 함께 우리 사회의 부와 권력을 함축하는 신분적 위계질서가 내포되어 있다. 《강남을 읽다》는 강남 형성과 강남 현상이 함의하는 우리 사회의 신분적 위계질서를 들춰보기 위한 하나의 시도이다.

　이 책을 펴내게 된 개인적인 이유를 덧붙이자면 서울을 주제로 활동한 지난 10여 년을 갈무리하기 위해서다. 필자에게 이 책은 2009년 4월 서울시민연대를 창립하고, '역사와 인문학으로 보는 서울', '한성백제 시민강좌' 등의 교양강좌와 '서울투어', '발로품는서울'이라는 답사 프로그램을 운영하면서 얻은 서울에 대한 깨달음의 결과물이다.

　《강남을 읽다》를 펴내기까지 많은 사람들의 도움을 받았다. 2017년 7월부터 12월까지 22회에 걸쳐 오마이뉴스에 연재를 할 수 있도록 배려해 준 김병기 기자와 날로 어려워지는 출판 환경에서도 선뜻 책을 펴내 준 여유당출판사 대표에게 감사 인사를 전한다. 그리고 지난 10여 년 서울시민연대라는 둥지에서 늘 함께해 준 회원들에게, 사랑하는 세 딸 지원, 시연, 지우와 아내에게 책을 펴내는 기쁨을 나눈다.

2018년 11월

전 상 봉

차 례

강남공화국이 탄생하다

정이월 다 가고 삼월이라네

강남 갔던 제비가 돌아오며는

이 땅에도 또다시 봄이 온다네

아리랑 아리랑 아라리요

아리랑 강남을 어서 가세

　석송 김형원의 시에 안기영이 곡을 붙인〈그리운 강남〉의 1절이다. 1929년《안기영 작곡집》제1집에 수록된 이 노래는 1934년 5월 음반으로 처음 발표됐다. 이 노래는 당시 인기가수 김용환, 왕수복과 윤건영이 참여한 음반이 발매되면서 대중들에게 널리 사랑받게 되었다.

　세마치 장단의 신민요〈그리운 강남〉은 봄을 맞는 설렘으로 가득하다. 정이월 지나 삼월이 왔으니 강남 갔던 제비가 돌아올 것이고, 이 땅에도 또다시 봄이 온다는 노랫말은 약동하는 봄의 싱그러움을 느끼기에 충분하다. 그런데 일제 치하에 이 노래가 만들어졌다는 사실을 감안하면 "이 땅에도 또다시 봄이 온다"는 노랫말은 왠지 불온하다. 누가 보더라도 식민지 조선의 독립을 은유하고 있기 때문이다.

그래서일까, 일제는 이 노래를 금지곡으로 지정했다. 이 노래에 얽힌 기구한 사연은 이렇게 시작된다. 1945년 해방과 함께 '그리운 강남'은 《임시 중등음악 교본》에 수록되었으나 얼마 못 가 다시 금지곡으로 지정되었다. 좌우 대립이 극심했던 해방정국에 작곡자 안기영이 월북했기 때문이다. 더 이상 〈그리운 강남〉은 초등학교 음악시간에 배울 수 없게 되었다. 그나마 이 노래가 명맥을 이을 수 있었던 건 여자 아이들의 고무줄놀이 덕분이다. 이 노래가 고무줄놀이의 단골 레퍼토리에 오르면서 금지의 세월을 이겨낼 수 있었던 것이다.

강남초등학교가 동작구 상도동에 있는 이유

〈그리운 강남〉에 등장하는 강남은 중국 양쯔강 이남지방을 가리킨다. 이 노래가 만들어졌던 1929년 서울(당시 경성)에는 강남이 없었다. 한강 남쪽이 서울에 처음 편입된 것은 1936년이다. 만주사변을 시작으로 대륙침략을 본격화한 일제는 일본, 조선, 만주를 잇는 공업화 정책을 추진했다. 조선총독부가 1934년 6월 제정한 조선시가지계획령은 일제의 대륙침략 정책에 따른 것이었다.

1936년 2월 14일 조선총독부는 조선시가지계획령에 기초하여 경성에 인접한 1개 읍과 8개 면에 속한 71개 리와 5개 리 일부를 경성부로 편입하기로 결정(총독부령 제8호)했다. 당시 경성부에 편입된 지역은 동쪽으로는 청량리와 왕십리일대(고양군 숭인면), 서쪽으로는 신촌과 마포일대(고양군 연희면), 남쪽으로는 한강 이남의 영등포일대(시흥군 영등포읍, 북면, 동면, 김포군 양동면), 북쪽으로는 창의문 밖 부암동일대(고양군 은평면)였다.

이때의 확장으로 경성부 면적은 134km²가 되었고, 인구는 40만 4,000명(1935)에서 72만 7,000명(1936)으로 늘었다. 조선총독부는 경성부에 편입된 지역을 관할하기 위해 동부출장소, 서부출장소, 용산출장소, 영등포출장소를 설치했다(이하 서울시 면적은 서울연구원의 〈서울 연구 데이터서비스〉 '행정구역 변천' http://data.si.re.kr/node/54 자료를 인용함).

영등포가 편입되면서 경성에 처음으로 한강 이남지역을 의미하는 강남이 생겨났다. 당시 강남지역은 영등포일대로 지금의 서울 영등포구와 동작구이다. 경인선과 경부선의 분기점이었던 영등포역 주변은 1920년대 초부터 공장들이 들어서기 시작했다. 조선총독부는 영등포일대를 영등포역 주변과 노량진지역으로 구분하여 영등포역 주변은 공업지대로, 노량진 주변(흑석동, 노량진동, 상도동)은 주거지역으로 개발하는 계획을 수립했다. 이 계획에 따라 영등포역 주변에는 면방직공장, 맥주공장, 화약공장, 벽돌공장 들이 들어섰다.

1940년대에 접어들자 경성 인구는 90만 명을 넘어섰다. 인구가 증가하고, 산업화가 진행되자 조선총독부는 1943년 6월 경성부령 제163호(경성부 구의 명칭, 위치 및 관할 구역)를 제정하고, 출장소를 폐지했다. 대신 구(區)제를 도입하여 경성부에 7개 구(종로구, 중구, 용산

강남초등학교 전경 서울 동작구 상도동에 위치한 강남초등학교는 1941년 4월 1일 개교했다. ⓒ 전상봉

구, 서대문구, 동대문구, 성동구, 영등포구)를 신설했다.

　이즈음 한강 이남을 뜻하는 '강남'이라는 말이 공식적으로 사용되기 시작한다. 영등포일대를 지칭하는 '강남'이라는 지명은 1940년대부터 1970년대 초까지 사용되었다. 서울 동작구 상도동에 위치한 강남초등학교는 '강남'이라는 말이 공식적으로 사용된 첫 사례이다. 강남초등학교는 1941년 4월 강남 심상소학교라는 이름으로 개교하여 현재에 이른다.

　서울 동작구 노량진동에 자리 잡은 강남교회는 한국전쟁 직후인 1954년 4월 18일 월남한 젊은 의사 김재술의 주도로 설립되었다. 동작구 대방동에 위치한 강남중학교는 1959년 4월 서울공업고등학교 병설로 개교하였고, 동작구 상도3동 소재 강현중학교는 1969년 3월 개교할 당시의 이름은 강남여자중학교였다. 서울 지하철 7호선 숭실대입구역 3번 출구에서 가까운 강남시장은 1층에 16개 점포가 입주한 5층 높이의 건물형 재래시장으로 1972년 5월 문을 열었다.

영등포구의 동쪽, 영동

서울은 1945년 해방 뒤에도 한동안 경성으로 불렸다. 1946년 8월 10일 미 군정은 해방 1주년을 맞아 '서울시 헌장'을 발표하고 '경성'을 '서울'로 바꾼다. 그런 다음 그해 9월 28일 '서울특별시 설치에 관한 군정법령 제106호'를 제정한다. 법령의 주된 내용은 서울시를 경기도 관할에서 분리(제1조)하여, 조선의 수도로 승격하는 동시에 특별시가 된다(제2조)는 것이었다.

대한민국 정부가 수립되고 1년이 지난 1949년 8월 13일 서울시 면적은 다시 확대된다. 대통령령 제159호에 따라 이때 편입된 지역은 경기도 고양군 숭인면, 뚝도면, 은평면 전역과 시흥군 동면 도림리, 구로리, 번대방리였다. 이들 지역의 편입으로 서울시 면적은 134km² 에서 268.35km²로 늘어났다. 면적 확대와 함께 서울시의 행정구역 개편도 이루어졌다. 성북구가 동대문구에서 분구되었다. 참고로 이보다 앞선 1944년 10월 마포구가 서대문구에서 분구하여 해방 당시 서울시에는 8개 구가 설치되어 있었다.

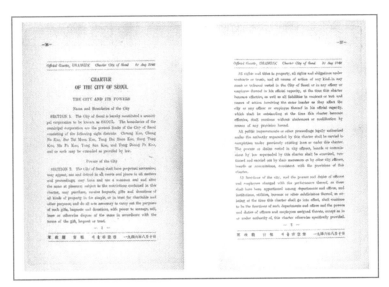

서울시 헌장 '서울시 헌장'의 발표로 서울시는 수도로 승격하는 동시에 특별시가 되었다.
ⓒ 서울특별시

　그 뒤로 서울시의 영역 확장은 1963년에 진행된다. 5·16 쿠데타 직후 수립된 국가재건최고회의는 1962년 11월 21일 제1172호 법률(서울특별시·도·군·구의 행정구역 변경에 관한 법률)을 제정하였다. 이 법률에 따라 해가 바뀐 1963년 1월 1일 경기도 광주군 등 5개 군에 속한 7개 면 24개 리가 서울시에 편입되었다.

　이때 서울시에 편입된 지역은 다음과 같다. 서울 동북쪽에 위치한 경기도 양주군 구리면 5개 리는 동대문구(현재 중랑구)로, 양주군 노해면은 성북구(현재 노원구)로 편입되었다. 서울 서남쪽에 위치한 경기도 김포군 양동면과 양서면(현재 양천구와 강서구), 시흥군 신동면(현재 서초구), 시흥군 동면과 오정면, 소사읍 일부 지역(현재 관악구,

구 명	출장소 명	행정동	관할구역	비고
성동구	천호출장소	구천동 선린동 성내동 천호동 암사동	명일동 하일동 고덕동 상일동 길 동 둔촌동 성내동 풍납동 곡교동 암사동	광주군 구천면
성동구	송파출장소	송파동 거문동 옥천동 원서동 자현동 세곡동	송파동 석촌동 삼전동 가락동 문정동 장지동 거여동 마천동 이 동 방이동 오금동 일원동 수서동 자곡동 율현동 세곡동	광주군 중대면 구천면
성동구	언주출장소	도곡동 사평동 수도동 탑곡동	역삼동 도곡동 포이동 개포동 논현동 신사동 학 동 압구정동 청담동 삼성동 대치동 염곡동 내곡동 신원동	광주군 언주면
성북구	노해출장소	창 동 태릉동 노원동 도봉동	창 동 월곡동 쌍문동 공릉동 하계동 중계동 상계동 도봉동 방학동	양주군 노해면
영등포구	관악출장소	가산동 봉신동 시흥동	가리봉동 수산동 봉천동 신림동 시흥동	시흥군 동면
영등포구	신동출장소	양재동 남성동 서초동 잠포동	양재동 원지동 우면동 사당동 방배동 서초동 반포동 잠원동	시흥군 신동면
영등포구	오류출장소	오류동 고척동 개봉동 수궁동	오류동 천왕동 고척동 개봉동 궁 동 온수동 항 동	부천군 소사읍
영등포구	양동출장소	양천동 염촌동 신곡동 신정동	가양동 마곡동 등촌동 염창동 목 동 화곡동 신월동 신정동	김포군 신동면

양서출장소	발산동	내발산동 외발산동	김포군 양서면	
	공항동	공항동(송정동)		
	방화동	방화동		
	개화동	개화동	부천군 오정면	
	과오동	과해동 오곡동 오쇠동		
동대문구	망우출장소	상봉동	상봉동	양주군 구리면
		중화동	중화동 묵동	
		망우동	망우동	
		신내동	신내동	

서울특별시에 편입된 지역과 10개 출장소 현황 - 출처 : 서울특별시 《서울 6백년사》 5, 362쪽

구로구, 금천구)은 영등포구로 편입되었다. 서울 남동쪽에 위치한 경기도 광주군 구천면과 중대면 10개 리(현재 강동구와 송파구)와 광주군 언주면과 대왕면 5개 리(현재 강남구와 서초구)는 성동구로 편입되었다. 이로써 서울시의 면적은 268.35km²에서 613.04km²로 확대되었다.

면적이 두 배 이상 커지자 서울시는 새롭게 편입된 지역을 관할하기 위해 출장소 10개를 설치했다. 신도시 건설의 현장 사무소로 기능한 출장소는 영등포구에 5개 소(신동, 관악, 양동, 양서, 오류출장소), 성동구에 3개 소(천호, 언주, 송파출장소), 성북구(노해출장소)와 동대문구(망우출장소)에 각 1개 소가 설치되었다.

흥미로운 건 지금의 서초구 반포동, 서초동, 양재동일대가 1970년대 초반까지만 하더라도 영등포구였다는 사실이다. 영등포구 동쪽을 뜻하는 '영동'이라는 지명은 신동출장소가 관할하던 반포동, 서초동, 방배동, 양재동 등의 지역을 가리키는 말이었다.

영동이라는 지명이 사용되기 시작한 시기는 1967년 무렵이다. 그해 11월 정부 여당 연석회의에서 경부고속도로 건설이 공식 결정된 다음 영동토지구획정리사업이 수립되면서 '영동'이라는 말이 사용되기 시작했다.

경부고속도로 건설은 강남 개발을 촉발시켰다. 서울시는 경부고속도로가 완공된 이듬해인 1971년 영등포구 신동출장소 관할지역인 반포동과 잠원동일대의 부지 3,300만m²(1백만 평)를 개발하기 위한 영동종합개발계획을 수립했다. 1971년 4월 24일 개발 자금이 부족했던 서울시는 거점 개발 방식으로 논현동 22번지 소재 7,194평의 부지에 공무원아파트 12개 동 공사를 시작했다. 12평형과 15평형으로 지어진 360세대 공무원아파트는 착공 8개월 만인 1971년 12월 28일에 완공되었다.

강남은 어떻게 의미 변화 했나

1970년이 되자 서울시의 인구는 500만 명을 돌파했다. 폭발적인 인구 증가로 성북구와 영등포구 인구가 100만 명에 육박했다. 이렇게 되자 정부는 1973년 7월 1일 대통령령 제6548호를 발표, 성북구에서 도봉구를, 영등포구에서 관악구를 분구하였다. 서울시의 마지막 영역 확장은 이때 이루어진다. 경기도 고양군 신도면 구파발리와 진관내·외리가 지금의 은평구로 편입되어 서울시 면적은 627.06km²로 늘어났다(현재 서울시 면적은 이때에 비해 약간 줄어든 605.25km²이다).

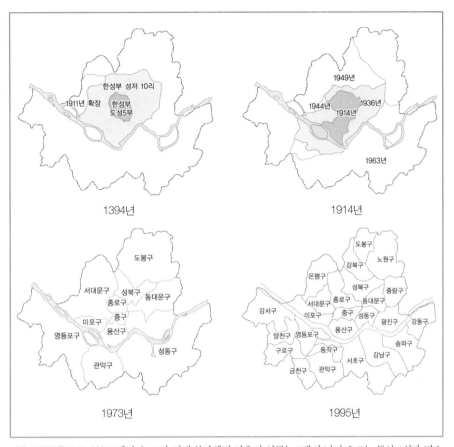

서울시 행정구역의 변천 20세기 초 20만 명에 불과했던 서울시 인구는 1백여 년이 흐르는 동안 1천만 명으로 증가하였다. ⓒ 서울역사편찬원《시민을 위한 서울역사 2000년》

　성동구 언주출장소와 영등포구 신동출장소가 통합된 것도 이때였다. 서울시는 조례 제780호를 제정하여 1973년 7월 1일을 기해 언주출장소와 신동출장소를 통합한 영동출장소를 신설했다. 영동출장소가 신설되면서 그동안 영등포구에 속했던 반포동, 잠원동, 서초동,

양재동, 우면동, 원지동 등의 지역이 성동구로 편입되었다.

이런 가운데 1975년 성동구의 한강 이남지역이 강남구로 분구된다. 강남구의 신설로 서울 한강 이남을 가리키던 '강남'은 행정구역 명칭이 되었다. 이로써 서울의 남쪽(남서울), 영등포의 동쪽(영동)이라 불리며 특정지역과 지리적 관계 속에서 지역명이 결정되었던 강남이 서울의 부도심으로서 위상을 굳히기 시작했다. 그리고 4년이 흐른 1979년 강남구에서 강동구가 분구되었고, 1988년 1월 1일에는 강남구에서 서초구가, 강동구에서 송파구가 독립했다.

1936년 영등포일대가 경성부로 편입된 이래 강남은 몇 차례 의미 변화를 했다. 강남의 첫번째 의미는 서울의 한강 이남지역을 가리키는 보통명사로 사용되었다. 이 시기의 강남은 지금의 영등포구와 동작구를 지칭하는 개념이었다.

1960년대 후반 한남대교와 경부고속도로가 건설되면서 남서울, 또는 영동이라 불리던 강남의 의미는 변화하기 시작했다. 영동토지구획정리사업으로 경부고속도로 주변의 반포동, 잠원동, 양재동일대가 개발되면서 강남은 일확천금을 노리는 투기 일번지로 달아올랐다. 이즈음 사람들은 강남이라는 말보다는 남서울 또는 영동이라는 말을 사용하였다.

1970년대가 되자 강남은 더 이상 영등포를 가리키는 개념이 아니었다. 강남 개발을 촉진하기 위해 정부는 1975년 강남구를 신설하고, '부동산투기 억제세 면제' 조처를 단행하는 한편, 사대문 안의 명문 고등학교와 국가기관의 강남 이전을 추진하였다. 이때부터 정부의 공식 문서에서나 사용되던 강남이라는 지명이 빈번하게 사용되기 시작했다.

　1980년대 서울올림픽의 개최와 3저 호황은 강남의 개발과 투기를 부채질하였다. 1988년 서울올림픽 개최를 앞두고 전두환 정부는 서울 도심의 정비와 함께 잠실 종합운동장을 비롯한 강남일대의 주요 거점지역을 개발하였다. 당시 한국 경제는 국제적으로 형성된 3저(저달러, 저금리, 저유가) 효과를 등에 업고 고도 성장을 구가하였다. 호황에 따른 여유 자금은 강남발 부동산 불패 신화의 불쏘시개였다. 이 시기 강남은 한국 사회의 빈부 격차를 증폭시키는 진원지인 동시에 투기의 또 다른 이름이었다.

　1990년대에 접어들자 강남은 부와 권력을 상징하는 지역으로 굳건한 성채를 쌓았다. 이 시기 강남은 좁게는 강남구를, 넓게는 강남구, 서초구, 송파구를 지칭했다. 그리고 어느 순간부터인가 대한민국은 강남에 뿌리를 둔 소수 특권층이 지배하는 강남공화국이 되고 말았다.

• 참고 문헌 •

- 서울역사편찬위원회,《시민을 위한 서울역사 2000년》, 2009년
- 성동구청,《城東區誌》, 2005년
- 손정목,《서울도시계획이야기》3, 한울, 2003년
- 염복규,《서울은 어떻게 계획되었는가》, 살림, 2005년
- 영등포구청,《永登浦 近代 100年史》, 2011년

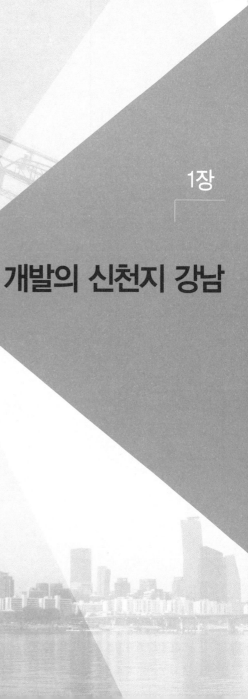

1장

개발의 신천지 강남

1

새 서울 백지계획과
서울 도시 기본계획

1394년 8월, 조선의 수도로 한양이 결정되었다. 태조 이성계는 천도 문제가 일단락되자 1394년 9월 1일 신도궁궐조성도감(수도를 개경에서 한양으로 옮기기 위하여 설치한 임시 관아)을 설치했다. 그리고 그해 10월 25일 개경을 떠나 사흘 뒤인 10월 28일 한양에 이르러 도성 건설에 매진했다.

한양은 유교 경전인 《주례》의 도성조영원칙에 따라 건설되었다. 《주례》의 동관고공기에 제시된 도성조영원칙은 다음과 같다. 제왕남면(帝王南面), 왕이 거처하는 궁궐은 남향으로 짓는다. 전조후시(前朝後市), 궁궐 앞에는 조정을 두고, 뒤에는 시장을 설치한다. 좌묘우사(左廟右社), 군주의 위패를 모신 태묘는 궁궐 왼쪽에, 토지신과 곡식신을 모신 사직은 궁궐 오른쪽에 둔다.

이 같은 원칙에 따라 도성 내부를 정(井) 자 모양으로 구획하여 궁궐과 조정 관아, 종묘와 사직 등을 배치해야 했다. 그런데 문제가 있었다. 북악산(백악산), 남산(목멱산), 낙산(타락산), 인왕산으로 둘러싸인 한양은 《주례》의 도성조영원칙을 충족할 만큼 평지가 넓지 않았다. 그럼에도 정도전은 《주례》의 도성조영원칙을 충실하게 반영하려 애썼다. 법궁인 경복궁은 북악산을 등지고 정남향으로 지었고, 그 앞에는 육조거리를 만들어 조정 관아를 배치했다. 경복궁 왼쪽에는 종묘를 건설했고, 오른쪽에는 사직단을 설치했다. 다만 한양의 지형상 종묘는 경복궁보다 앞으로 치우쳤고, 시전(市廛)은 경복궁 뒤편에 옹색하게 배치되었다.

1395년 9월 29일, 종묘와 사직단이 완공되었다. 태조 이성계는 10월 5일 종묘에 나가 4대조 신위를 봉안하고, 12월 28일에는 경복궁이 완

한양도성(북악산 구간) 수도의 위용과 방어를 목적으로 쌓은 한양 도성에는 네 개의 대문(숭례문, 흥인지문, 숙정문, 돈의문)과 네 개의 소문(혜화문, 광희문, 소덕문, 창의문)을 만들었다. ⓒ 배건욱

종묘 정전 종묘는 원래 정전(正殿)을 말하며, 태묘(太廟)라고도 한다. 태묘는 태조의 묘(廟)가 있다는 의미이다. ⓒ 박광규

공되어 입궁했다. 한양으로 천도한 지 1년 2개월 만이었다. 이보다 앞선 1395년 6월 6일에는 한양을 한성부로 개편하고, 도성조축도감을 설치하여 북악산-낙산-남산-인왕산을 잇는 도성18.6km를 쌓았다. 한성부가 관할하는 구역은 도성 안과 성저십리(城底十里)였다. 성저십리의 경계는 북쪽으로는 보현봉에서 아미산, 석관현(石串峴)으로 이어지는 북한산 능선이며, 동쪽으로는 수유리에서 발원한 우이천과 중랑천, 남쪽으로는 지금의 동호대교 인근의 두모포에서 양화나루에 이르는 한강, 서쪽으로는 석곶현과 홍제천을 거쳐 양화나루에 이르는 구간이다.

한양도성이 완공된 것은 1396년이다. 도성이 완공되면서 한양은 수도로서 위용을 갖추었다. 그러나 한양이 수도로 자리 잡기까지는 왕자의 난을 두 차례나 겪어야 했다. 1차 왕자의 난(1398)으로 왕위에 오른 정종은 1399년 3월 개경으로 수도를 옮겼다. 그 뒤 2차 왕자의 난(1400)으로 조선의 3대 임금이 된 태종 이방원은 1405년 10월 한양 환도를 단행했다.

태종 이방원은 정도전이 설계한 한양의 공간배치가 내키지 않았다. 더구나 경복궁은 형제들을 살육한 피비린내 나는 공간 아닌가. 환도와 함께 태종 이방원은 종묘 북쪽에 창덕궁을 짓고, 국중(國中) 대로인 종로(운종가)에는 행랑(行廊)을 만든 다음 시전을 설치했다. 이리하여 전조후시와 좌묘우사의 원칙이 무너졌다.

대한제국의 한성부 개조사업

대한제국의 한성부 개조사업은 1894년 갑오개혁과 1895년 을미개혁, 1896년 광무개혁으로 이어지면서 진행되었다. 갑오개혁을 이끈 연립 내각의 내부대신 박영효는 치도(治道, 도로 정비)의 중요성을 오래 전부터 인식하였다. 박영효는 한성판윤으로 재임하던 1883년 치도국을 설치할 정도로 치도 사업에 남다른 관심을 보였다.

한성부의 치도사업은 한성부윤 유정수가 가가금령(假家禁令)을 발표(1895. 4. 16)하면서 시작되었다. 가가금령은 도로를 침범해 지은 가가의 철거와 신축을 금하는 것이었다. 가가금령은 도로정비가 표면적인 이유였지만 일본인들의 남대문로 진출을 막으려는 의도가 내포되어 있었다.

1895년 8월에는 총리대신 겸 내부대신 박정양의 주도로 '도로수치(道路修治)와 가가기지(假家基地)를 관허(官許)하는 건'이 채택되어 한성부의 도로 폭과 가가 높이 등에 관한 규정이 마련되었다. 또한 1898년 9월에는 한성판윤 이채연의 주도로 대대적인 도심정비사업이 추진되었다. 종로와 광통교 주변을 비롯하여 정동에서 모교, 서대문에서 경복궁, 경운궁에서 야주개, 황토마루에서 동대문, 광통교에서 남대문을 잇는 도로의 가가 철거와 정비가 이루어졌다.

박정양과 이채연 등 개화파들이 주도한 한성부의 도시 개조사업은 미국의 워싱턴 DC의 도로망과 공간 구성을 모방한 것이었다. 당시 한성부의 개조사업에 대해 1894년에 이어 1896년 10월 한성을 방문한 영국왕립지리학회 회원이자 여행가였던 이사벨라 버드 비숍은 다음과 같이 적었다.

> 수없이 많은 좁은 길들은 넓혀지고 있고, 도로는 포장되어 자갈이 깔리고 있다. 그리고 돌을 재료로 한 배수구는 그 양쪽 측면을 따라 만들어지고 있다. 어떤 경우에는 민중들이 자발적으로 이 작업을 하는 경우도 있다. 이러한 많은 작업과 함께 자극적이고 혐오스럽던 서울의 향기는 사라졌다. 위생에 관한 법령이 시행되었고, 집 앞에 쌓인 눈을 그 집의 모든 식구들이 치우는 것이 의무적일 정도로 한국의 문화 수준은 매우 높아졌다. 그 변화들은 너무나 커서, 나는 1894년도였다면 서울의 한 예로써 이 장을 위해 사진을 찍었을지도 모를, 그 특징적인 빈민촌을 발견할 수 없었다.
> — 이사벨라 버드 비숍(이인화 역), 《한국과 그 이웃나라들》, 498~500쪽.

대한제국의 한성부 개조사업은 러시아 공사관으로 피신했던 고종이 경운궁(덕수궁)으로 환궁하면서 본격적으로 추진되었다. 경운궁으로 환궁한 고종은 1897년 10월 문무백관을 이끌고 환구단에 나아가 대한제국을 선포하고, 황제에 즉위했다. 황도(皇都)의 위용을 갖추기 위해 경운궁에는 정관헌, 돈덕전, 수옥헌(중명전), 석조전 등 서양식 건물이 잇따라 들어섰고, 경운궁을 중심으로 방사상 도로가 개설되었다. 사대의 상징이었던 영은문을 헐고 그 자리에는 독립문을 건립하여 대한제국이 청나라로부터 자주국임을 천명했다.

한성부의 도로 경관은 1899년 5월 17일 서대문에서 청량리를 잇는 전차가 개통되면서 크게 바뀌기 시작했다. 1899년 12월에는 종로에

환구단과 황궁우 일제는 1913년 조선철도호텔을 신축한다는 이유로 환구단을 철거하여 황궁우와 석고단만 현존한다. 환구단을 철거하고 지은 조선철도호텔은 웨스턴 조선호텔이 되었다. ⓒ 서울역사편찬원 《시민을 위한 서울역사 2000년》

서 남대문을 지나 용산으로 이어지는 전차가 개통되고, 1900년 7월에는 남대문에서 봉래동을 거쳐 서대문에 이르는 노선이 부설되었다. 이즈음 경인선이 개통되면서 서대문 정거장과 남대문 정거장이 한성의 관문으로 기능했다.

대한제국이 추진한 한성부 개조사업은 적지 않은 성과를 남겼다. 그럼에도 이 사업은 내실을 기하기보다는 개화된 이미지를 외국인들에게 보여주려는 의도가 다분했고, 근대국가로의 이행을 위한 주체 역량이 미약하여 좌절하고 말았다.

조선총독부의 경성 개조

대한제국이 식민지로 전락하면서 한성의 이름은 경성(京城)으로 바뀌었다. 식민지 조선의 경성은 더 이상 수도가 아니었다. 수도의 지위를 박탈당한 경성은 경기도에 편입되는 동시에 관할구역이 도성 안과 용산일대로 축소되었다.

일제는 대한제국의 한성부 개조사업의 흔적을 지우기 위해 1912년 경성시구개수(京城市區改修) 계획을 수립했다. 경성시구개수의 중심 공간은 종로–황금정(을지로)–본정(충무로)으로 이어지는 남북 도로 였다. 여기에 더해 태평로, 남대문로, 소공로, 돈화문로, 창경궁로 등 경성의 남북을 잇는 도로 신설과 정비 계획이 포함되었다. 특기할 것 은 세종로 사거리에서 서울역에 이르는 태평로가 경성시구개수의 일 환으로 1912년 폭 27m 도로로 신설되었다는 사실이다.

경성시구개수계획은 1915년 경복궁에서 개최된 '시정 5주년 기념 조선물산공진회'를 계기로 크게 바뀌었다. 일제는 조선물산공진회를 개최한다는 구실로 경복궁의 많은 전각들을 철거하고, 그 자리에 조 선총독부 청사를 건립키로 결정했다. 조선총독부 청사는 1916년 7월 10일 착공하여 1926년 1월 4일 건물을 완공한 다음, 그해 10월 1일 낙 성식을 가졌다.

이즈음 일제는 경성부청의 신축 이전도 추진했다. 경성부청은 조 선총독부 기관지 경성일보사가 있던 지금의 서울시청 자리로 결정되 었다. 경성부청은 1925년 3월 착공하여 1926년 11월 완공되었다. 이 로써 조선총독부–경성부청–경성역으로 이어지는 경성 도심의 공간

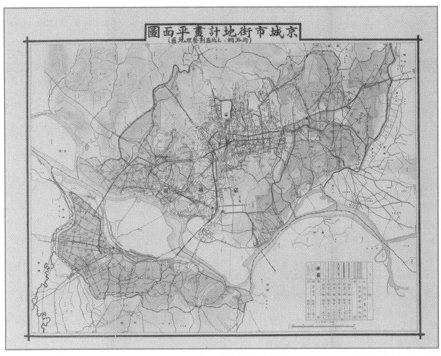

경성시가지계획 평면도 조선총독부는 1934년 6월 조선시가지계획령(朝鮮市街地計劃令)을 수립하고, 영등포 일대를 경성으로 편입하였다. ⓒ 서울역사편찬원《시민을 위한 서울역사 2000년》

배치가 일단락되었다.

1930년대 초반 세계를 휩쓴 대공황은 경성의 도시계획에도 적지 않은 영향을 미쳤다. 대공황을 극복하기 위해 만주사변을 일으킨 일 제는 일본, 조선, 만주를 묶는 공업화 정책을 추진했다. 조선총독부 는 대륙침략을 뒷받침하기 위해 조선에서 거점 도시개발을 계획했 다. 1934년 6월 조선총독부가 제정한 조선시가지계획령(朝鮮市街地計劃令)은 이 같은 공업화 정책의 산물이었다.

조선총독부는 1936년 4월 조선시가지계획령에 따라 경성부를 확장했다. 당시 경성에 편입된 지역은 경기도 고양군 한지면, 독도(纛島, 뚝섬)면, 숭인면, 은평면, 연희면과 시흥군 북면, 동면, 영등포읍, 김포군 양동면이었다. 경성에 편입된 지역은 동부로는 청량리, 왕십리, 한강리였고, 서부로는 마포, 용강, 연희, 신촌, 은평이었으며, 한강 이남은 영등포와 노량진일대였다. 눈여겨볼 것은 이때 영등포와 노량진이 편입되면서 경성이 한강 이남으로 확장되기 시작했다는 사실이다.

조선총독부는 1930년대 중후반 청계천의 전면복개를 계획했다. 조선총독부는 대경성계획의 일환으로 청계천을 복개하여 자동차 전용도로와 지하철을 건설, 병참기지로 만들려고 했다. 그러나 중일전쟁을 일으킨 일제가 인력난, 자재난, 재정난에 봉착하되면서 대경성계획은 유야무야되었다.

새서울 백지계획과 서울 도시 기본계획

1961년 5월 23일 화신산업 사장 박흥식은 가회동 자택에서 연행되었다. 5·16 쿠데타를 일으킨 군부는 부정축재 혐의로 박흥식을 연행하여 구속했다. 그리고 구속 43일 만인 1961년 7월 5일에 석방했다.

장차 예상되는 수도 서울의 인구 증가에 대비한 주택건설계획을 민간기업인 입장에서 구상하여 제출하라.

국가재건최고회의 산하 부정축재 처리위원장인 육군 소장 이주일은 박흥식을 석방하면서 이렇게 지시했다. 박흥식은 한강 이남인 송파동과 가락동에서 삼성동, 역삼동, 서초동, 반포동, 방배동을 거쳐 경기도 과천시에 이르는 광활한 부지에 이상적인 전원도시를 개발한다는 파격적인 계획안을 수립했다. 남서울계획안이라 명명된 계획안은 미개발된 한강 이남의 2,400만 평 부지에 30만 명 이상을 수용하는 신도시를 건설한다는 내용이었다.

남서울계획안이 제출되자 국가재건최고회의는 정부가 이 사업을 직접 추진하는 것은 불가하므로 제안자 박흥식이 개인사업으로 추진하라고 발을 뺐다. 사업 추진에 대한 정부 지원은 외국자본(상업차관) 조달에 편의를 제공한다는 것이 전부였다. 우여곡절 끝에 박흥식의 남서울계획안은 수포로 돌아갔다. 애당초 정부가 추진해야 할 공공의 도시개발을 개인 사업가에게 맡겨 추진한다는 게 어불성설이었다.

인구 150만 명을 수용하는 새 행정수도를 만들어내겠다.

서울시장 김현옥은 1966년 5월 27일 서울시청 기자실에 들러 이렇게 발표했다. 김현옥의 이날 발언은 사전에 준비되지 않은 즉흥적인 것이었다. 사정이야 어찌 되었건 새서울 백지계획은 이렇게 공식화되었다.

3~4,000만 평 부지에 상주인구 100만~150만 명이 거주하는 것을 골자로 하는 새서울 백지계획은 무궁화 모양으로 설계되었다. 새서

도시계획 전시장 새서울 백지계획과 서울 도시 기본계획 수립을 주도한 김현옥 시장은 현재의 서울시 밑그림을 그린 인물이다. ⓒ 서울특별시

울 백지계획의 공간배치는 북쪽에는 대통령 관저, 남쪽에는 입법부(국회), 동쪽에는 행정부, 서쪽에는 사법부로 구성되었다.

김현옥 시장은 새서울 백지계획과 함께 서울 도시 기본계획 수립도 병행했다. 서울시가 국토계획학회에 의뢰하여 수립한 서울 도시 기본계획은 1966년~1988년까지 서울 인구를 500만 명으로 산정, 강북에 집중된 기능을 분산하겠다는 취지였다. 1966년 기준의 불변가격으로 3,235억 원이 소요될 것으로 추산된 서울 도시 기본계획은 입법부는 남서울(현 강남구와 서초구)에, 사법부는 영등포에, 행정부는 용산에, 대통령 직속기관은 세종로일대에 배치하는 것이었다.

1966년 8월 13일 서울시장 김현옥은 기자회견을 통해 서울 도시 기본계획을 발표했다. 그런 다음 8월 15일 광복절을 기해 서울시청 앞

광장에 '대서울도시기본계획전시장'을 만들어 5천분의 1 서울 지형도에 서울 도시 기본계획을 배치하여 전시했다. 그해 9월 15일까지 한 달 동안 이어진 전시회에는 79만 6,998명이 찾았을 정도로 성황을 이루었다.

　서울 도시 기본계획은 장기적인 서울의 비전을 세워 시민들에게 공개했다는 점에서 그 의의가 있다. 하지만 강남 개발은 서울 도시 기본계획에 기초하여 추진되지 않았다. 폭발적인 인구 증가, 경제개발, 남북 대치중의 안보 문제가 강남 개발을 촉발시킨 직접적인 요인이었다. 이런 시대적 배경 속에 1966년 제3한강교(한남대교)와 1968년 경부고속도로가 착공되면서 강남 개발의 방아쇠가 당겨졌다.

• 참고 문헌 •

- 서울역사편찬위원회, 《시민을 위한 서울역사 2000년》, 2009년
- 서울특별시 시사편찬위원회, 《서울 2천년사 11 - 조선 건국과 한양 천도》, 2013년
- 서울특별시 시사편찬위원회, 《서울 2천년사 21 - 근대 서울의 정치제도 변화》, 2014년
- 서울역사편찬원, 《서울 2천년사 26 - 경성부 도시행정과 사회》, 2015년
- 손정목, 《서울 도시계획 이야기》 1, 한울, 2003년
- 염복규, 《서울은 어떻게 계획되었는가》, 살림, 2005년
- 전우용, 《우리 역사는 깊다》 1, 푸른역사, 2015년

한성백제와 강남

농담을 곁들여 말하자면 강남을 맨 처음 개발한 사람은 백제의 시조 온조왕이다. 백제의 역사는 온조왕이 위례성(송파구 풍납동)에 도읍하면서 시작되었다. 기원전 18~660년까지 678년 동안 이어진 백제 역사는 한성백제시대(BC18~475), 웅진백제시대(475~538), 사비백제시대(538~660)로 구분할 수 있다. 백제의 전반기를 수놓은 한성백제시대는 493년에 이를 정도로 장구하다. 그러나 우리들에게 각인된 백제의 역사는 웅진(공주)과 사비(부여)에 도읍했던 시대이다.

백제의 최전성기는 한성백제기이다. 고이왕대(234~286)에 고대국가로 발전한 백제는 근초고왕대(346~375)에 마한을 정복하고 고구려의 평양성을 공격(371)하여 고국원왕을 죽였다. 그로부터 1백여 년이 지난 475년 고구려 장수왕이 3만 대군을 이끌고 백제의 수도인 한성을 공격, 왕성이 함락되고 개로왕이 전사하면서 한성백제시대는 막을 내렸다.

백제의 첫도읍지인 하남위례성 위치는 오랜 논쟁거리였다. 《삼국유사》에 나오는 '위례성은 직산(稷山)'이라는 기록에 따라 충남 천안시 직산면이 지목되기도 했고, 정약용을 위시하여 다수 학자들은 경기도 하남시 춘궁동을 비정하기도 했다. 을축년대홍수(1925)로 풍납토성에서 수많은 백제 유물이 발견되면서 하남위례성은 풍납토성이라는 주장이 제기되기도 했고, 논자에 따라서는 몽촌토성일 거라고 추정하기도 했다.

이런 가운데 1997년 1월 풍납토성이 한성백제의 왕성터로 인정받게 되는 사건이 발생했다. 선문대 이형구 교수가 풍납토성 아파트 공사장에서 수많은 백제 토기파편이 박혀 있는 것을 목격했다. 이를 계기로 현장검증과 긴급구제발굴이 이루어지면서 1500년 동안 땅속에 묻혀 있던 한성백제의 실체가 드러나기 시작했다.

그동안 풍납토성에 대한 발굴조사는 여러 차례 이어졌다. 성벽 절개 발굴을 비롯하여, 왕성터로 추정되는 경당지구와 미래마을(풍납백제 문화공원)에 대한 발굴조사로 수많은 유물들이 수습되면서 풍납토성이 위례성(한성)으로 평가받게 된 것이다.

그런데 왜 위례성백제가 아니라 한성백제라 부를까.《삼국사기》에는 백제 시조 온조왕이 위례성(慰禮城)에 도읍한 것으로 기록되어 있다. 그러나 위례성이라는 기록은《삼국사기》온조왕 원년조에만 등장할 뿐 한성(漢城)이라는 명칭이 지속적으로 등장한다. 이런 기록을 근거로 학계에서는 백제의 위례성이 한성으로 발전하였고, 한성은 북한성(풍납토성)과 남한성(몽촌토성)으로 구성된 이성(二城) 체계였을 것이라고 추정된다.

북서쪽으로 한강을 끼고 쌓은 평지토성인 풍납토성 1963년 1월 21일 사적 제11호로 지정된 풍납토성은 성벽 길이가 약 3km이며, 현존하는 성벽은 2.1km로 한강에 인접한 서벽 대부분 유실되었다. 성벽을 포함한 토성 면적은 약 24만 평으로 추산된다. ⓒ 서울특별시

2

한남대교와
경부고속도로 건설

서울은 한강을 끼고 형성된 도시다. 한강을 배경으로 수도 서울의
역사는 2천 년 전 시작되었다. 《삼국사기》 백제본기에는 기원전 18년
백제의 시조 온조왕이 하남위례성(서울 송파구 풍납토성, 몽촌토성)에
도읍하게 된 경위를 다음과 같이 적었다.

> 비류와 온조는 남행하여 마침내 한산에 이르러 부아악에 올라 살 만한
> 곳을 살펴보았다.…… 열 명의 신하들이 간하여 말하기를 '오직 이 강
> 남쪽 땅이 북으로는 한수(漢水)를 띠처럼 두르고 있고 동으로는 높은
> 산에 의지하고 있으며, 남으로는 기름진 벌판을 바라보고 있고, 서로는
> 큰 바다에 막혀 있어서, 하늘이 내린 험준함과 지리적 이점이 얻기 어
> 려운 형세입니다. 이곳에 도읍을 정함이 마땅하지 않을까 생각합니다'
> 라고 아뢰었다. 비류는 이 말을 듣지 않고 그의 백성들을 나누어 미추
> 홀로 떠나 그곳에 머물렀고, 온조는 하남위례성(河南慰禮城)에 도읍하
> 여 열 명의 신하들로 보좌토록 하고 국호를 십제(十濟)라 하였다.

서울을 가로지르는 한강 옛 문헌에 아리수, 한수, 욱리하 등으로 기록되어 있는 한강은 유역면적이 2만 6,129km²로 압록강·두만강 다음으로 넓고, 압록강·두만강·낙동강에 이어 네 번째로 긴 강이다. ⓒ 전상봉

조선을 건국한 태조 이성계가 한양으로 천도한 이유도 한강과 깊이 연관되어 있다. 한양은 한반도 중심부에 위치하고 있어 통치하기에 유리했고, 크고 작은 산으로 둘러싸인 지세는 방어에 용이하였다. 한강으로 이어진 수륙교통은 전국에서 걷은 세금을 배로 실어 나르기에 편리한 위치였다.

한강은 강원도 태백시 대덕산 금대봉에서 발원한 남한강과 금강산에서 발원한 북한강이 양수리에서 만나 서울을 관통하여 서해로 흐른다. 한강 길이는 497.5km로 서울을 지나는 구간은 42km다. 서울시민들에게 한강은 휴식공간이면서 강남과 강북을 가르는 경계선이다.

번호	교량명	준공일자	번호	교량명	준공일자
1	한강철교	1900-07-05	15	원효대교	1981-10-27
2	한강대교	1917-10-17	16	반포대교	1982-06-25
3	광진교	1936-10-01	17	당산철교	1983-12-31
4	양화대교	1965-01-25	18	동작대교	1984-12-29
5	한남대교	1969-12-25	19	동호대교	1990-06-27
6	마포대교	1970-05-16	20	올림픽대교	1991-12-01
7	잠실대교	1972-07-01	21	강동대교	1999-08-14
8	영동대교	1973-11-08	22	서강대교	2000-11-21
9	천호대교	1976-07-05	23	방화대교	2000-11-21
10	잠수교	1976-07-15	24	신행주대교	2000-12-16
11	행주대교	1978-07-22	25	청담대교	2001-01-27
12	성수대교	1979-10-15	26	가양대교	2002-05-31
13	잠실철교	1979-10-30	27	마곡철교	2010-12-29
14	성산대교	1980-06-30			

자료 출처

1. 서울시, 한강사업본부 - 한강의 모습 - 한강의 다리 - 교량유래
   (Web : http://hangang.seoul.go.kr/hanganglooks/hanganglooks03_01.html)
2. 강동대교, 방화대교, 신행주대교의 준공일자 : 서울특별시사서편찬위원회,
   한강의 어제와 오늘, 2002
3. 마곡철교의 준공 일자 : 문화일보 기사
   (Web : http://munhwa.com/news/view.html?no=2012020301071043011010)

24. 신행주대교
23. 방화대교
27. 마곡철교
26. 가양대교
21. 강동대교
14. 성산대교
22. 서강대교
19. 동호대교
12. 성수대교
3. 광진교
4. 양화대교
6. 마포대교
8. 영동대교
9. 천호대교
17. 당산철교
20. 올림픽대교
15. 원효대교
2. 한강대교
5. 한남대교
25. 청담대교
13. 잠실철교
1. 한강철교
10. 잠수교, 16. 반포대교
7. 잠실대교
18. 동작대교

한강 교량 위치 위 표를 바탕으로 한강 교량의 위치와 준공 순서를 지도 위에 표시하였다.
— 서울데이터베이스(http://data.si.re.kr/node/351), 〈지표로 본 서울의 변천 2010〉 캡처

한강에 다리가 놓이기 시작한 것은 20세기 들어서다. 그때부터 구리암사대교가 개통된 2014년 11월 21일까지 한강에는 31개의 다리가 놓였다. 동으로는 강동대교에서부터 서로는 신행주대교에 이르기까지 한강에 놓인 다리는 지난 세기 서울의 팽창과 발전을 말해준다.

근대 문명의 총아, 한강인도교

한강에 놓인 최초의 다리는 1900년 7월 5일 완공된 한강철교다. 1896년 조선에서 경인선 부설권을 획득한 미국인 사업가 제임스 모스는 용지 매입과 건설 기자재 수입에 대한 면세 혜택에 더해 15년 동안 경인철도를 독점 운영할 수 있는 이권을 보장받았다. 모스는 공사를 시작하기에 앞서 미국 상인 타운센드와 공동으로 한국개발회사를 설립하고, 1897년 3월 29일 제물포 우각현에서 경인선 기공식을 열었다.

공사를 착공하고 1년 남짓 지나자 한국개발회사는 재정난에 직면했다. 모스는 1898년 12월 17일 경인선 부설권을 일본이 설립한 경인철도합자회사에 양도했다. 애초 한강철교는 사람이 다닐 수 있도록 인도를 설치하는 것으로 설계되었으나 경인선 부설권을 인수한 경인철도합자회사는 공사비 절감을 이유로 철도전용 교량을 건설했다. 한강철교는 노량진 연안에서 강 중간 모래톱까지는 9개 교각을 설치한 철교(鐵橋, 길이 2,062피트)였고, 나머지 용산 방면으로는 목교(木橋, 길이 660피트)를 놓아 완공했다.

한강철교와 한강대교 한강철교는 경인선 노량진역과 용산역을 잇기 위해 1897년 3월 착공하여 1900년 7월에 완공되었다. 한강대교는 1917년 사람과 우마차가 다니는 인도교로 건설되어 한강인도교라 불렸다. 1967년 7월 15일 촬영 ⓒ 서울특별시

당시 사람들은 교량의 필요성을 그다지 크게 느끼지 못했다. 그러나 1910년대에 접어들자 사정은 달라졌다. 경성 도심을 오가는 자동차와 우마차 통행량이 늘어나면서 교량의 필요성이 커지게 된 것이다.

조선총독부가 제1기 치도사업의 하나로 추진한 한강인도교(한강대교) 건설계획은 이 같은 필요성에 따른 것이었다. 남만주철도회사가 시공한 한강인도교는 1916년 3월 착공되어 1917년 10월 7일 완공되기까지 84만 3,000원의 공사비가 들어갔다. 일제는 경비절감을 위해 한강의 모래톱에 언덕을 쌓아 인공섬(노들섬)을 만들고 섬 남북으로 다리를 건설했다. 노들섬 남쪽과 노량진 사이에는 7경간 440m의 대교를 놓았고, 노들섬 북쪽과 한강로 사이에는 3경간 188m의 소교를 놓았다. 다리 위로는 4.5m의 차도가 지나가고 그 양옆으로는 각 1.6m씩의 인도가 설치되었다.

한강인도교라는 이름은 '사람들이 걸어서 강을 건널 수 있는 다리'라는 뜻으로 붙여졌다. 나룻배를 이용해 강을 건너던 사람들에게 걸어서 한강을 건넌다는 사실은 놀라운 일이었다. 특히 여름밤이면 화려하게 수놓은 전등이 설치되어 산책객을 불러모았다.

한강인도교는 투신자살 장소로도 유명했다. 1918년 봄 용산 철도병원 간호부가 이곳에서 투신자살한 이래 자살자는 급속도로 늘어났다. 1935년의 경우 한강인도교에서 투신자살한 사람은 38명(남자 13명, 여자 25명)에 달했다. 투신 자살자가 속출하자 조선총독부는 한강인도교에 '잠깐 기다려라(一村待期, 촛도 오마치)'는 경고 입간판을 세우기도 했다.

장안의 명물이 된 한강인도교도 1925년 한반도를 강타한 을축년대

홍수를 피해가지 못했다. 그해 여름 대홍수로 노들섬 둑이 무너지고 용산쪽 소교가 유실되었다. 노들섬 북쪽과 용산 한강로를 잇는 소교를 건설하기 위한 보수공사는 1927년 5월 시작되어 2년 뒤인 1929년 9월 마무리지었다.

1930년대가 되자 한강인도교만으로는 늘어나는 교통량을 감당하기 힘들었다. 1934년 8월, 조선총독부는 3년 계획으로 한강인도교 건설 공사를 시작하여 1937년 10월 지금과 같은 타이드아치형(tied arch)의 교량을 완공하였다.

한국전쟁 발발 직후 한강인도교는 참사의 현장이었다. 전쟁이 터지고 사흘이 지난 1950년 6월 28일 새벽 2시 30분, 한강인도교가 폭파되었다. 대통령 이승만이 야반도주하듯 피난을 떠난 상태에서 육군참모장 채병덕은 공병감 최창식에게 한강인도교 폭파를 명령했다.

한강인도교가 폭파되는 순간 4천여 명이 다리를 건너고 있었다. 한강인도교 폭파로 500~800명이 목숨을 잃었고, 국군 병력 46%가 한강 이북에 고립되었다. 그리고 다리가 끊겨 피난길에 오르지 못한 시민들은 인민군 치하에서 노역에 동원되어야만 했다. 더 어처구니없는 일은 9·28서울수복 이후 서울로 돌아온 이승만 정부가 노역에 동원되었던 시민들을 빨갱이로 몰아 처형했다는 사실이다.

한강의 다섯 번째 다리, 한남대교

한국전쟁 이후 한강에 건설된 첫 번째 다리는 양화대교(1965. 1. 25)

이다. 북한의 남침에 대비하여 군사용으로 건설된 양화대교는 평상시에는 여느 다리와 차이가 없지만 유사시에는 한강 이남에서 서부전선으로 병력과 물자를 수송하는 군사전용다리였다.

1965년 서울의 인구는 전쟁이 발발한 1950년에 비해 두 배 이상 증가한 347만 명이었다. 급격한 인구 증가에도 한강에 신축된 다리는 양화대교뿐이었다. 이 같은 상황에서 1966년 1월 19일 서울 용산구 한남동과 강남을 잇는 제3한강교(한남대교)가 착공되었다. 한강철교, 한강대교(제1한강교), 광진교, 양화대교(제2한강교)에 이은 다섯 번째의 교량인 제3한강교는 '유사시 서울시민들의 도강용'이라는 드러나지 않은 목적을 가진 다리였다.

공사가 시작될 무렵, 강남은 전기는 물론 공중전화나 전신전화 취급소 하나 없는 한적한 시골이었다. 제3한강교 건설은 사람들의 관

서울 용산구 한남동과 서초구 잠원동을 잇는 한강의 네 번째 다리 한남대교 한남대교(제3한강교)는 강남 개발을 촉발시킨 촉매제였다. ⓒ 전상봉

심을 끌기에 충분한 사안이었지만 어찌된 영문인지 신문에는 한 줄 기사가 실리지 않았다. 그러나 이 다리가 불러올 파장은 실로 엄청난 것이었다. 손정목은 그의 책에 당시 상황을 이렇게 적었다.

> 이 교량이 이른바 '말죽거리 신화'로 불리는 광적인 지가(地價) 앙등의 요인이 되었고 오늘날 강남 개발의 계기가 되었으며 경부고속도로의 기점이 된다는 것을 안 사람은 오직 하느님 하나뿐이었고 당시의 박정희 대통령도, 윤치영 시장도, 공사를 담당했던 현대건설도, 그 누구도 알지 못했던 것이다.
>
> — 손정목, 《서울 도시계획 이야기》 3, 75쪽

처음 제3한강교는 너비 20m의 4차선으로 설계되었다. 그런데 공사를 시작한 지 3개월이 지났을 무렵 건설부에서 교량을 26m로 넓히라고 지시했다. 그즈음 평양 대동강에 너비 25m의 다리가 건설되었다는 소식을 접한 육군대령 출신의 건설부 국토보전국장 서정우는 그것보다 1m라도 넓어야 한다는 이유로 그 같은 지시를 내렸다. 공사를 책임진 서울시 담당 공무원들과 현대건설 직원들은 마뜩찮았지만 반공이 국시인 나라에서 입도 뻥긋할 수 없는 노릇이었다.

제3한강교 건설공사는 한동안 예산 문제로 짓는 둥 마는 둥 했다. 1966년과 1967년 서울시 예산에 편성된 건설비는 각각 1억 원이었다. 재정 압박에 시달리던 서울시장 김현옥은 경제기획원을 향해 건설비를 "국고에서 부담해 주지 않는다면 서울시에서는 부득이하게 공사를 중단해버릴 수밖에 없다"고 으름장을 놓기까지 했다.

한강의 다리 이름

한강의 다리는 건설 순서에 따라 제1한강교, 제2한강교, 제3한강교로 이름이 붙여졌다. 그러다가 2차 한강종합개발(1982~1986)의 시행과 함께 이름이 바뀌었다. 1985년 서울시 지명위원회는 서울 시내 가로와 교량명을 새롭게 정비하면서 현재와 같이 제1한강교는 한강대교로, 제2한강교는 양화대교로, 제3한강교는 한남대교로 개명했다. 그리고 서울대교는 마포대교로, 금호대교는 동호대교로 이름이 바뀌었다.

지지부진하던 공사는 1967년 4월 29일 제6대 대통령 선거 유세에서 박정희 후보가 경부고속도로 건설 공약을 발표하면서 분위기가 반전되기 시작했다. 대선에서 승리한 박정희는 그해 11월 14일 정부 여당 연석회의를 개최하고 경부고속도로 건설을 결정했다. 회의에서는 국무총리를 위원장으로 하는 '국가기간고속도로건설추진위원회'를 구성하였다.

경부고속도로는 1968년 2월 1일 착공되었다. 대통령 박정희는 공사를 독려하기 위해 헬기를 타고 건설현장을 수시로 시찰했다. 이렇게 되자 서울시장 김현옥은 제3한강교 공사를 서두르지 않을 수 없었다. 그리하여 1969년 12월 25일 길이 915m, 너비 27m(차도 23m, 보도 4m)의 제3한강교가 착공 3년 11개월 만에 완공되었다.

경부고속도로 건설과 영동토지구획정리사업

경부고속도로를 건설하는 데 가장 큰 문제는 노선 확정과 건설 재원의 확보였다. 428km에 이르는 노선은 서울 서초구 제3한강교 남단에서 부산 금정구에 이르는 구간으로 확정되었고, 건설비는 300억 원으로 책정되었다. 박정희 정부는 1968년 2월 5일 열린 제8차 경제장관회의에서 휘발유 세율 인상, 도로국채 발행 95억 원, 대일 청구권 자금 27억 원, 통행료 15억 원 등을 재원으로 충당키로 했다. 동시에 고속도로 부지를 무상으로 확보하기 위한 구획정리사업을 시행키로 했다.

경부고속도로가 지나가는 남서울일대에 토지구획정리사업이 처음 기획된 때는 1966년 9월 19일이었다. 이 사업을 통해 이 지역에 도로, 주거, 공원 등 공공용지를 마련해두겠다는 서울시의 사전 포석이었다. 건설부는 1966년 12월 28일자 건설부 고시 제3008호를 통해 서울시가 요청한 남서울일대의 부지 약 800만 평을 '서울시 토지구획정리 예정지'로 결정했다.

막연했던 토지구획정리사업은 경부고속도로가 착공되자 발등에 떨어진 불이었다. 사업대상 지역은 경부고속도로 주변으로 제3한강교에서 남쪽으로 7.6km에 이르는 지금의 서초구일대 386만 평이었다. 사업의 주된 목적은 9만 2,000평에 이르는 고속도로 부지를 무상으로 확보하는 데 있었다.

영동토지구획정리사업은 경부고속도로 부지 확보에 주안점을 두고 진행된 나머지 도로, 학교, 공원 등 공공용지 확보가 어려웠다. 이 때문에 영동토지구획정리사업(영동1지구)은 몇 차례에 걸쳐 대상지역이 확대되어 500여만 평이 되었다. 1971년에는 영동토지구획정리사업(영동2지구)이 추가로 진행되어 압구정동, 논현동, 신사동, 역삼동, 삼성동 등 현재의 강남구일대 300여만 평이 구획정리 대상지역에 포함되었다.

1970년 7월 7일 경부고속도로가 개통되었다. 총연장 428km의 고속도로를 건설하는 데 연인원 노동자 9백만 명이 동원된 단군 이래 최대의 토목공사였다. 선 개통, 후 보완이라는 속도전으로 건설된 경부고속도로는 공사 기간은 단축했지만 노동자 77명이 사망하는 희생을 치러야 했다. 개통 뒤에는 보수공사로 몸살을 앓았다. 1970년부터 1990년까지 경부고속도로를 보수하는 데 투입된 비용은 1,527억 원으로 건설비 430억 원의 4배에 가까운 금액이었다.

경부고속도로 개통으로 자동차 시대가 열렸다. 전국을 하루에 오갈 수 있는 1일 생활권 시대가 열리면서 사람들의 왕래가 크게 늘었고, 서울을 비롯한 대도시로 인구 집중이 두드러졌다. 경제개발이 본격적으로 추진되던 상황과 맞물려 엄청난 양의 물류가 전국 각지로 이동하는 통로가 되었다.

무엇보다 경부고속도로 건설은 강남 개발을 촉발시켰다. 도로 부지를 무상으로 확보할 목적으로 영동토지구획정리사업이 추진되면서 제3한강교에서 양재동에 이르는 강남대로를 비롯하여 영동대로, 테헤란로 등의 간선도로가 격자형으로 신설되었다. 또한 택지와 공원 등 도시기반시설이 정비되면서 강남 개발은 탄력을 받기 시작했다.

• 참고 문헌 •

- 서울역사편찬위원회,《시민을 위한 서울역사 2000년》, 2009년

- 손정목,《서울도시계획이야기》3, 한울, 2003년

- 서울역사박물관,《강남 40년 : '영동'에서 '강남'으로》1·2, 2011년

3

영동 개발과 말죽거리 신화

1968년 1월 16일 밤 10시 북한의 민족보위성 정찰국 소속 124부대원 31명이 황해북도 연산군 제6기지를 출발했다. 청와대 습격을 명령받은 이들이 휴전선을 넘은 시간은 1월 18일 자정 무렵이었다. 얼어붙은 임진강을 포복으로 건넌 이들은 경기도 파주군 법원리에서 미타산–앵무봉–노고산–진관사로 이어지는 능선을 타고 1월 20일 서울 잠입에 성공했다.

북한산 비봉과 승가사를 지나 이들 게릴라 부대가 자하문 검문소에 도착한 시간은 1월 21일 밤 10시 무렵. 검문하는 경찰에게 CIC 방첩대라고 둘러대고 자하문 고개를 넘어선 이들을 가로막은 사람은 종로경찰서장 최규식이었다. 예기치 않은 상황에 직면하자 이들은 수류탄을 던지고 기관단총을 난사했다. 때마침 그곳을 지나던 시내버스에도 수류탄을 던져 인명피해가 발생했다.

군경합동 수색진에 의해 1월 31일 사태가 종료되기까지 남파된

최규식 경무관 동상 종로경찰서장으로 재임하던 최규식은 1968년 김신조 일당의 청와대 침투를 막아내다 순직, 경무관으로 특진되었다. 동상은 종로구 청운동 창의문 앞에 있다. ⓒ 전상봉

124부대원들 중 28명이 사살되었고 2명은 도주했으며 1명(김신조)은 생포되었다. 북한의 도발로 우리가 입은 인명피해는 사망 32명(군 장병 25명, 민간인 7명), 부상 52명이었다.

1·21사태의 여파는 컸다. 육군3사관학교와 특수부대인 684부대가 창설되었고, 유격훈련이 도입되는 한편 군 복무기간이 육군과 해병은 30개월에서 36개월로, 공군과 해군은 36개월에서 39개월로 늘어났다. 향토예비군과 전투경찰순경(전경)이 창설되었고, 고등학생과

대학생은 교련 수업을 받아야 했다. 그해 5월에는 간첩 식별을 용이하게 한다는 이유로 주민등록법이 개정되어 18세 이상의 국민들에게 12자리 번호가 새겨진 주민등록증이 발급되었다. 현재와 같이 13자리의 번호가 발급된 것은 1975년 7월 주민등록법이 개정되면서다.

북악스카이웨이가 건설된 것도 이때였다. 청와대 방어를 목적으로 건설된 북악스카이웨이는 서울 종로구 부암동 창의문에서 미아리 고개를 지나 성북구 종암동에 이르는 7.1km 2차선 도로로 1968년 9월 28일에 완공되었다. 북악스카이웨이가 완공되고 달포가 지난 10월 30일에는 울진삼척무장공비사건이 발생하여 남북 간의 긴장은 최고조에 달했다.

서울 요새화 계획은 이런 시대 상황을 배경으로 발표되었다. 서울시장 김현옥은 1969년 1월 19일 남산을 요새화하고, 강북에 집중된 인구를 분산하기 위해 강남 개발을 본격적으로 추진하는 서울요새화 계획을 발표하였다. 이 계획에 따라 서울 남산에는 전시에 30~40만 명이 대피할 수 있는 남산1, 2호 터널이 건설되었다.

영동지구 개발계획

남북이 대치하는 가운데 서울의 인구는 폭발적으로 늘어났다. 해방 당시 90만 명 정도였던 서울 인구는 1950년 169만 명, 1959년 200만 명을 돌파한 데 이어 1960년에는 244만 명, 1965년에는 347만 명이 되었고, 1·21 사태가 발생한 1968년에는 433만 명을 헤아렸다.

구 분	영동1지구	영동2지구	영동3지구	영동4지구
시행면적(천m²)	12,737.8	13,071.9	991.7	85.4
지구 지정일	1966. 12. 28	1966. 12. 28	1971. 05. 05	1971. 11. 26
시행 인가일	1968. 01. 08	1971. 08. 24	1971. 12. 28	1975. 02. 14

영동토지구획정리사업 시행도표 (서울역사박물관, 《강남 40년: '영동'에서 '강남'으로》 2, 156쪽)

　　폭발적인 인구 증가는 강남 개발의 또 다른 요인이었다. 영동지구
사업이라는 이름으로 시행된 강남 개발은 경부고속도로 건설과 함
께 본격적으로 추진되었다. 1968년 시행된 영동토지구획정리사업
(영동1지구)은 경부고속도로 부지를 무상으로 확보하는 데 목적이 있
었고, 1971년 시행된 영동2지구 사업은 강북에 밀집된 인구 분산에
초점이 맞춰졌다. 토지구획정리사업이란 신도시 개발을 위해 미개
발지역의 토지를 구획 정리하여 도로와 공원, 학교 용지 등 공공시설
에 사용되는 부지를 제외한 나머지 토지를 기존의 소유주에게 돌려
주는 방식의 도시개발사업이다. 토지구획정리사업의 장점은 도로
같은 공공시설 용지 확보가 용이하며, 공공시설 용지를 위해 확보한
체비지를 매각하여 공공시설의 건설비를 충당할 수 있다. 또한 정부
를 비롯한 공공기관이 토지구획정리사업을 해 놓으면 민간 건설사
가 아파트를 비롯한 건물을 지었기 때문에 신도시 건설비 부담을 덜
수 있다.
　　이처럼 영동지구 개발의 전체적인 윤곽은 1970년 11월 5일 서울시
장 양택식이 남서울개발계획안을 발표하면서 드러났다. 특별 기자
회견을 통해 발표된 남서울개발계획은 인구 60만 명이 거주하는 신

영동토지구획정리사업도 1968년 시행된 영동1지구 토지구획정리사업은 한남대교와 경부 고속도로의 건설로 구체화되었다. © 김정은

시가지를 영동지구에 건설한다는 내용이었다.

① 과밀화되고 있는 구시가지의 인구를 강남으로 분산하고, 서울의 균 형발전을 추진한다.

② 남서울의 영동1지구와 2지구를 합한 837만 평 지역에 1972년까지 167억 원을 투입, 60만 명이 거주할 신시가지를 조성한다.

③ 효과적인 인구 유치를 위해 제1단계로 삼성동 5만 평 부지에 상공부 와 한국전력 등 12개 국영기업이 입주할 2만 8,000평 규모의 종합청 사를 신축한다.

④ 영동지구 개발을 촉진하기 위해 다른 정부기관 및 사회단체를 적극 유치하며, 상공부와 산하기관 공무원이 거주할 수 있는 주택용지 30만 평과 별도의 3만 평 부지에 총무처가 주관하는 공무원 타운을 조성한다.

⑤ 영동지구 면적의 72%에 해당하는 600만 평에 상하수도 완비와 도로 포장, 전신전화가스 공동구 설비, 구릉지대에 자연풍경을 살린 공원녹지 조성하고 학교와 시장, 위락시설의 유치로 현대적인 신시가지를 조성한다.

— 손정목, 《서울도시계획 이야기》3, 126쪽 요약

영동지구의 전체 골격은 격자형 도로망을 구축하면서 짜여졌다. 도로율이 24.6%에 이르는 영동지구는 동쪽의 영동대로와 서쪽의 강남대로를 경계로 몇 개의 슈퍼블록으로 구획되었다. 영동대로(50~70m)와 언주로(40m), 강남대로(50m)는 남북을 잇는 간선도로였고, 도산대로(50m), 테헤란로(50m), 사평로(40m)는 동서를 잇는 간선도로였다. 당시 을지로의 폭이 20m임을 감안하면 너비 40~70m의 넓은 길로 설계된 간선도로는 획기적인 것이었다.

경부고속도로가 완공된 이듬해인 1971년 서울시는 영등포구 신동출장소 관할인 반포동과 잠원동일대의 1백만 평을 개발하기 위해 영동종합개발계획을 수립했다. 재정이 부족했던 서울시는 1971년 4월 24일 거점개발 방식으로 논현동 22번지 소재 7,194평 부지에 12개 동의 공무원아파트 건설 공사를 시작했다. 12평형과 15평형으로 지어진 360세대의 공무원아파트는 착공 8개월 만인 1971년 12월 28일 완공되었다.

해가 바뀐 1972년 5월 서울시는 영동지구에 단독주택을 건설하겠다고 발표했다. 단독주택은 땅값이 저렴하고, 공사하기 쉬운 지역에 건설되었다. 이 계획에 따라 1972년 10개 단지 753호와 1973년 4개 단지 181호의 시영주택이 건설되어 분양되었다.

영동지구에 지어진 아파트 단지와 단독주택은 파격조건으로 분양되었다. 공무원아파트의 경우 무상지원과 융자를 끼면 72만 원이면 입주할 수 있는 좋은 조건이었다. 그런데 교통, 수도, 교육 등 생활 기반시설이 제대로 갖춰지지 않은 것이 문제였다. 이 때문에 적지 않은 사람들이 얼마 지나지 않아 아파트를 팔고 강북으로 되돌아갔다.

서울시는 강남으로 주거 이전을 촉진하기 위해 1972년 4월 '도시개발촉진에 따른 서울특별시세의 과세면제에 관한 특별조례'를 제정했다. 특별조례의 제정으로 주택공사 등 공공기관이 영동지구에 지은 건물에 대해서는 취득세가 면제되었다. 그해 12월에는 특정지구개발촉진에 관한 임시조치법이 제정되어 영동지구에 대한 추가적인 세제 혜택이 더해졌다. 또한 서울시는 거점개발단지를 중심으로 시내버스 노선을 배치하여 주거 여건을 개선하였다. 이런 가운데 점차 민간주택이 지어지면서 시가지가 형성되기 시작했다.

청와대와 서울시의 부동산투기

제3한강교와 경부고속도로 건설은 투기바람을 일으켰다. 부동산

투기는 영동지구 개발방식과 무관치 않았다. 정부는 경부고속도로 부지를 무상으로 확보하기 위해 토지구획정리사업을 시행했다. 이 사업을 통해 정부는 체비지(替費地)를 확보했고 이 가운데 도로, 공원, 학교 등의 공공용지를 제외한 나머지는 매각하여 개발비용으로 사용하였다. 이런 사정 때문에 영동지구 사업을 주관한 서울시나 체비지를 내놓은 토지 소유자들 모두 땅값이 오르기를 바랐다.

> 예컨대 내가 강남에 땅이 1,000평 있을 때 내 땅 500평을 도로용지로 내놓는다면 재산의 50%가 감소한 것처럼 보일지 모른다. 그러나 도로가 난 뒤 땅값이 두 배 뛰었다면 땅값을 기준으로 볼 때 절반을 내놓고도 나는 손해본 것이 없게 된다. 만약 땅값이 열 배 올랐다면 나는 땅 절반을 내놓고도 큰 이익 보게 된다. 정부나 시가 도로를 내는데 내가 내놓은 땅 500평을 다 사용하지 않고 250평만 사용했다면 나머지 250평이 체비지인데, 개발사업의 시행자는 이 체비지를 팔아 개발비용을 충당한다. 강남 개발의 다른 이름인 '영동구획정리사업'은 체비지 매각대금을 재원으로 하는 특별회계로 추진된 사업이었다.
>
> — 한홍구, 《유신 - 오직 한사람을 위한 시대》, 317쪽

재원이 부족한 상태에서 이 같은 사업은 불가피한 선택일 수 있다. 그런데 체비지를 수용하는 비율인 감보율이 매우 높은 영동지구에서 투기에 대한 대비책이 없었다는 것은 심각한 후과를 초래했다. 더구나 청와대와 서울시가 개입하여 조직적인 투기를 일삼은 것은 도시 개발을 왜곡시키고, 사람들에게 부동산투기를 부추기는 아주 나쁜

선동이었다.

청와대와 서울시의 조직적인 투기는 1971년 4월 대선과 5월 총선에 필요한 정치자금을 마련하기 위한 것이었다. 1970년 1월 서울시장 김현옥은 서울시 도시계획과장 윤진우를 대동하고 헬기로 영동지구를 순찰하면서 투기하기 좋은 땅을 물색했다. 당시 윤진우가 투기 유망지역으로 지목한 곳은 강남구 삼성동일대였다.

윤진우는 청와대 경호실장 박종규가 제공한 자금 12억 8,000만 원으로 1970년 2월부터 8월까지 24만 8,368평의 땅을 사들였다. 이렇게 사들인 땅은 해가 바뀐 1971년 1월에서 5월까지 일부(6만 5,000평)만을 남기고 되팔아 18억 원의 시세 차익을 남겼다. 《서울 도시계획 이야기》의 저자 손정목은 당시 18억 원은 1997년을 기준으로 5,000억 원이 넘는 거금이라고 추산한 바 있다.

이즈음 상공부장관 이낙선도 서울시장 김현옥에게 상공부와 상공부 산하기관이 입주할 종합청사 건립 부지를 매입해 달라고 부탁했다. 이번에도 윤진우가 나서서 강남구 삼성동에 위치한 조계종 소유의 봉은사 주변(삼성동 159, 167, 308번지) 땅 10만 평을 5억 3,000만 원에 사들였다. 이때의 부지 매입으로 주변의 땅값이 들썩이기 시작했다. 정부 부처는 서울시 밖으로 이전해야 한다는 방침에 따라 상공부는 경기도 과천 정부청사로 입주하였고, 상공부청사 터로 매입한 강남구 삼성동 부지에는 한국전력, 무역센터(COEX) 등의 건물이 들어섰다.

강남 개발에는 청와대와 서울시의 투기 말고도 정부부처 장관이 정치자금을 상납 받고 민간기업에 개발을 허가해 주는 비리도 있었

한전 부지 환수요구 농성장 2014년 9월 강남구 삼성동 소재 한전 부지가 현대자동차그룹에 낙찰되자 '대한불교조계종 한전부지환수위원회'는 서울시청 앞에서 천막을 치고 한전 부지의 반환을 요구하는 농성을 벌였다. 2016년 7월 촬영 ⓒ 전상봉

다. 1971년 잠실지구 매립사업의 경우 경제기획원 부총리 김학렬이 정치자금을 받고 공유지 매립공사를 서울시가 아닌 민간 건설사에 허가하여 투기를 부추기는 데 한 몫했다.

말죽거리 신화

1624년 인조 임금님은 이괄의 난을 피해 남쪽으로 내려갔다. 지금의 양재역까지 황급히 내려온 터라 배고픔과 갈증이 매우 심했다. 마침 이곳에 있던 김씨 등 유생 6~7명이 황급히 죽을 쑤어 바치자 임금님이 말 위

언주초등학교 들머리에 새겨진 말죽거리 유래 말죽거리(馬粥巨里)라는 지명의 유래는 여러 설이 전한다. 그 가운데 하나가 인조가 이괄의 난을 피해 남쪽으로 피난 가던 중 말 위에서 죽을 먹은 데서 유래한다는 설이다. ⓒ 전상봉

에서 그 죽을 마시고 다시 피난길을 떠났다. '임금이 말 위에서 죽을 마셨다'는 뜻에서 '말죽거리'라고 되었다 한다. 또 다른 이야기로 역마에 말죽을 먹이던 곳이었으므로 이곳을 말죽거리라 부르게 되었다고 한다.

　서울 강남구 도곡동에 위치한 언주초등학교 정문 들머리에 새겨진 말죽거리(馬粥巨里)의 유래다. 말죽거리는 서울 지하철 3호선 양재역 부근으로 한양에서 충청도, 경상도, 전라도로 오가는 길목이었다. 지금도 양재역 주변은 경부고속도로가 지나고 강남대로와 남부순환로가 교차하는 교통요지다.

　제3한강교와 경부고속도로가 건설되자 말죽거리일대의 땅값이 뛰

양재역 4번출구 부근에 세워진 말죽거리 표석 2000년대 초 강남구와 서초구는 말죽거리의
역사와 위치를 선점하기 위해 서로 다툼을 벌이기도 하였다. ⓒ 전상봉

기 시작했다. 그 무렵 '말죽거리에 가서 땅을 사면 떼돈을 번다'는 소
문이 파다하게 일었다. 말죽거리에 투기바람이 불기 시작하자 강북
에 사는 복부인들은 새벽밥을 먹고, 버스 종점인 동작동 국립묘지 앞
에서 말죽거리까지 걸어 다니며 투기 대열에 합류했다.

말죽거리의 땅값은 1966년 초 평당 200~400원 선이었으나 1968년
말에 이르면 4,000원에서 6,000원으로 뛰어올랐다. 땅값이 뛰자 정부
는 부동산투기 억제에 관한 특별조치세법(법률 제1972호)을 제정하였
다. 정부의 부동산투기억제 정책 덕분에 투기붐은 잠시 진정되는 듯
했다. 그러나 1970년이 되자 땅값이 다시 요동쳤다. 말죽거리에 불어
닥친 투기붐은 윤진우가 청와대 비자금으로 사들인 땅을 처분하고
난 1971년 하반기가 되어서야 잦아들었다.

투기바람이 휩쓸고 지나간 영동지구 땅값은 큰 폭으로 상승했다.

1963년 땅값지수를 100으로 했을 때 1970년 강남구 학동은 2000, 압구정동은 2500, 신사동 5000이었다. 7년 동안 학동은 20배, 압구정동은 25배, 신사동은 50배의 땅값이 오른 것이다. 같은 기간 중구 신당동이 10배, 용산구 후암동이 7.5배 오른 것에 비해 엄청난 상승이었다.

1968년에서 1970년 사이에 벌어진 말죽거리 신화는 강남 부동산 불패의 서막이었다. 이때를 시작으로 1970년대 베트남 전쟁과 중동발 건설 특수에 따른 달러 유입으로 강남 땅값은 천정부지로 치솟았다. 사회적으로는 한국 경제의 고도성장과 함께 투자 여력이 있는 부동산 중산층이라는 새로운 계급을 형성했고, 이들은 개발 독재를 지지하는 세력으로 뿌리를 내렸다.

뿐만 아니라 말죽거리 신화는 마약처럼 대중들의 의식을 마비시켰다. 부동산투기는 불로소득과 일확천금을 위해서라면 수단과 방법을 가리지 않아도 된다는 비뚤어진 사회 풍조를 조장했다.

• 참고 문헌 •

- 서울역사박물관, 《강남 40년 : '영동'에서 '강남'으로》 1·2, 2011년
- 손정목, 《서울 도시계획 이야기》 3, 한울, 2003년
- 손정목, 《한국 도시 60년의 이야기》 1, 한울, 2005년
- 유현, '대한민국에는 강남공화국이 있다', 《우리들의 현대침묵사》, 해냄, 2006년
- 한홍구, 《유신 - 오직 한 사람을 위한 시대》, 한겨레출판, 2014년

4

뽕밭은 어떻게
콘크리트숲이 되었나?

1960년대까지만 하더라도 한강에는 10여 개 섬과 모래톱이 펼쳐져 있었다. 석도(무학도), 잠실섬, 저자도, 서래섬(반포도), 밤섬(율도), 여의도, 난지도 등의 섬들이 한강을 따라 서울 동쪽에서 서쪽으로 점점이 떠 있었다.

한강의 섬들은 오랜 시간 동안 강 본류와 지류가 만나는 지점에 퇴적과 침식작용으로 만들어졌다. 석도는 고덕천이 합류하는 지점에 생겨났고, 잠실섬은 성내천과 탄천이 한강과 만나는 부근에 자리잡았다. 저자도는 중랑천이 만든 섬이고, 반포천과 이수천은 서래섬을 만들었다. 만초천과 봉원천은 여의도와 밤섬 인근으로 흘러들었고, 난지도는 한강 남쪽의 안양천과 북쪽의 홍제천(모래내)과 불광천이 흙과 모래를 운반하여 만들었다.

1967년 한강개발 3개년계획이 추진되면서 한강의 섬들은 파괴되거나 육지가 되었다. 무학도, 저자도, 서래섬, 밤섬은 택지와 제방을

밤섬(1964년) 밤섬은 밤처럼 생겼다 해서 붙여진 이름으로 1968년 2월 10일 여의도 윤중로를 쌓는 데 필요한 골재 채취를 위해 폭파되었다. 사진은 서울 마포구 상암동 물빛문화공원에 새겨진 밤섬 모습을 촬영했다. ⓒ 전상봉

'율도' 시비 밤섬과 가까운 서울 마포구 현석동 밤섬공원에는 이덕무의 시 '율도'를 새긴 시비가 세워져 있다. ⓒ 전상봉

조성하기 위해 골재를 채취하면서 파괴되었다. 잠실섬, 여의도, 난지도는 한강의 물길이 바뀌면서 육지가 된 섬들이다. 잠실섬이 있었던 곳에는 아파트 단지와 올림픽경기장이 들어섰고, 서래섬은 파괴되었다가 인공섬으로 되살아났다. 여의도는 이름만 섬일 뿐 국회의사당, 방송국, 금융가, 아파트 단지가 즐비한 콘크리트숲이 되었

고, 난초와 지초가 무성하던 난지도는 쓰레기산이 되었다가 2002년 월드컵공원으로 재탄생하였다. 한강의 홍수 예방과 골재 채취를 위해 1968년 2월 9일 폭파되었던 밤섬은 20여 년 만에 되살아나 서울을 대표하는 생태습지가 되었다.

한강에는 인공섬이 만들어지기도 했다. 노들섬은 한강인도교(한강대교)를 건설하면서 강 중간 모래톱에 둑을 쌓아 만든 인공섬이다. 겸재 정선의 〈경교명승첩〉에 등장하는 선유봉(仙遊峰)은 높이 40m의 산이었으나 여의도의 윤중제 공사 때 파괴되어 육지와 단절된 섬이 되었다.

잠실섬, 부리도, 무동도

잠실섬(蠶室島)은 지금의 서울 송파구 잠실동과 신천동에 자리해 있었다. 부리도(浮里島)는 홍수가 나면 물에 떠 있는 것처럼 보인다 하여 붙여진 이름이다. 잠실섬과 부리도는 평상시에는 하나의 섬이었지만 홍수가 나면 두 개의 섬으로 분리되었다. 탄천과 한강이 만나는 언저리에 있었던 무동도(舞童島)는 섬 남쪽에 춤추는 어린아이와 같이 생긴 바위가 있어서 붙여진 이름이다.

잠실섬은 본디 강북에 연결된 육지였으나 어느 해인가 큰 홍수로 신천강(新川, 새내)이 생기면서 섬이 되었다. 신천강은 잠실섬 북쪽으로 흐르는 물줄기였고, 송파강은 남쪽으로 흐르던 한강의 본류였다. 잠실섬의 면적은 360만 평이었고, 부리도는 30만 평 정도의 크기였다.

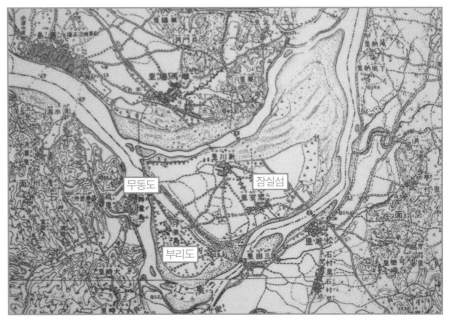

잠실섬, 부리도, 무동도 잠실섬은 본래 강북에 연결된 육지로 일제강점기 행정구역은 경기도 고양군 잠실리와 신천리에 편재되었다. 한성백제박물관에 전시된 지도(1916년 제작)를 촬영했다. ⓒ 전상봉

일제가 행정구역을 처음 개편한 1914년 잠실섬은 경기도 고양군 뚝도면 잠실리와 신천리에 편재되어 있었다. 부리도는 경기도 광주군 중대면 삼전리에 속했고, 무동도는 인근의 봉은사마을, 닥점마을과 하나로 묶여 경기도 광주군 언주면 삼성리가 되었다.

조선시대에는 누에를 하늘이 내린 '벌레〔천충(天蟲)〕'라 부르며 신성시했다. 누에를 치는 양잠업은 왕이 잠실(蠶室)을 설치하고 직접 관장할 정도로 국가적인 사업이었다. 한양에는 세 곳에 잠실이 설치되었다. 동잠실은 잠실섬에 있었고, 서잠실은 서대문구 연희동에 있었다. 서초구 잠원동에 있었던 신잠실은 동잠실과 서잠실에 비해 나중에 설치되었다.

잠실섬은 옛 지도에 '상림(桑林)'이라 표기될 정도로 뽕나무가 무성

했다. 임진왜란 때까지만 하더라도 잠실섬의 주민들은 누에를 치는 일을 주업으로 했다. 그러나 조선 후기로 갈수록 잠실섬의 뽕밭은 잦은 홍수로 피폐해졌고, 동잠실의 역할은 잠원동의 신잠실이 대신하게 되었다.

잠실섬과 부리도에는 새내마을, 잠실마을, 부렴마을이 있었다. 마을 주민들은 밀이나 메밀, 무, 배추, 땅콩, 수박 들을 재배하여 서울에 내다팔았다. 새내마을은 100여 가구가 넘는 큰 마을이었고, 잠실마을은 30여 가구가 모여 살았다. 부리도에 있었던 부렴마을은 50여 가구가 모여 사는 유서 깊은 동네였다. 음력 시월 초하루가 되면 부렴마을 사람들은 500년 묵은 뽕나무 앞에 모여 상신제(桑神祭)를 지냈다.

잠실섬, 부리도, 무동도는 지대가 낮아 비가 오면 자주 물에 잠겼다. 그래서 '메기가 하품을 하거나, 개미가 침만 뱉어도 물에 잠긴다'는 말이 생겨났다. 여름철에 홍수가 나면 이곳 주민들은 배를 타고 서울 광진구 자양동이나 강남구 삼성동 봉은사로 대피하는 게 연례행사였다.

잠실섬, 육지가 되다

서울시가 잠실섬일대를 매립하기 위해 '잠실지구 구획정리사업 공유수면 매립인가 신청서'를 건설부에 제출한 것은 1969년 1월 21일이다. 건설부는 이런저런 이유를 들어 회신을 미루다가 1970년 7월 23일 "이 사업은 서울시가 직접 시행하기보다는 민자사업으로 시행함이 바람직하다"는 답변과 함께 신청서를 반려했다.

1971년은 선거의 해였다. 그해 4월 27일은 7대 대통령 선거일이었고, 5월 28일은 8대 국회의원 선거가 있는 날이었다. 양대 선거를 앞둔 상황에서 경제기획원 부총리 김학렬은 건설사들한테서 정치자금을 받고, 그 대가로 잠실구획정리사업을 허가해 주었다. 잠실지구 매립공사는 정치자금을 상납한 현대건설, 대림산업, 극동건설, 삼부토건, 동아건설에 돌아갔다. 이들 건설사들은 공동으로 출자하여 만든 경인개발(주) 명의로 1970년 11월 3일 '잠실지구 매립인가 신청서'를 서울시에 제출, 이듬해 2월 1일 건설부로부터 사업허가를 받아냈다.

물막이 공사는 1971년 2월 17일 시작되었다. 잠실섬 북쪽의 신천강을 넓히고, 남쪽의 송파강을 막아 강의 흐름을 바꾸는 공사였다. 공사를 쉽게 마무리하기 위해 1971년 4월 15일 오후 4시부터 12시간 동안 청평댐 방류를 중단하여 한강의 유속을 늦추고, 수위를 20cm가량 낮췄다.

1971년 4월 16일 오전 10시 마침내 물막이 공사가 끝났다. 잠실섬 위쪽으로 흐르던 신천강의 폭을 200m 확장하는 하천 절개공사에는 연인원 2만 6,000명의 노동자가 동원되었다. 이 공사로 한강 본류인 송파강은 사라지고 잠실섬은 육지가 되었다. 그런데 물막이 공사는 행정착오로 1971년 6월 19일에야 실시계획인가가 난 불법적인 것이었다.

물막이 공사가 끝나자 이어서 공유수면 매립공사와 잠실지구 구획정리사업이 동시에 시행되었다. 구획정리사업의 동시 시행은 서울시 주장이 받아들여진 결과였다. 건설부는 1971년 5월 5일 공유수면 매

석촌호수 석촌호수는 송파대로를 기준으로 서호와 동호로 나뉜다. 석촌호수 서호는 잠실동에, 동호는 신천동에 속하며, 롯데그룹이 운영하는 매직아일랜드는 서호에 있다. ⓒ 전상봉

립지구를 포함한 잠실지구 935만 5,311㎡를 구획정리지구로 지정했다. 그런 다음 6월 11일 구획정리사업 시행명령(건설부 공고 제49호)을 내렸다.

구획정리사업은 1971년 6월 19일 시작되었다. 현대, 대림, 극동, 삼부, 동아건설이 공동출자한 잠실개발(주)이 매립공사의 권리 일체를 승계하여 구획정리사업을 시공했다. 공유수면 매립공사는 3년 계획으로 1974년 6월 19일 준공을 목표로 했으나 예기치 않은 문제에 직면하였다. 하천 부지를 메울 흙이 태부족했던 것이다. 흙이 부족하자 매립공사는 두 차례나 설계 변경되었고, 그때마다 서울시는 공사 면적을 축소하여 인가했다.

잠실개발(주)은 부족한 흙을 보충하기 위해 잠실섬 인근의 몽촌토

잠실종합계획조감도 대통령 박정희의 지시에 따라 잠실지구 개발이 시작되면서 잠실은 말 그대로 뽕밭이 푸른 바다로 변한 상전벽해의 현장이 되었다. ⓒ 서울역사박물관 디지털아카이브

성을 헐자고 서울시에 요청했다. 그러나 서울시는 몽촌토성이 한성백제의 유적이라는 사실을 이유로 허가하지 않았다. 부족한 흙은 2년 동안 시민들이 배출한 연탄재가 주종인 쓰레기로 대신했다. 매립공사는 연탄재와 쓰레기로 1차 매립한 다음 서울시내 건설공사 현장에서 배출된 흙을 가져와 복토하는 것으로 마무리했다.

잠실지구 공유수면 매립공사는 두 차례에 걸쳐 완공되었다. 1977년 3월 9일과 1978년 6월 29일이다. 매립된 총면적은 75만 3,398평으로 이 가운데 10만 8,682평은 제방 및 도로용지로 국유화되었고, 나머지 64만 4,716평은 매립자인 잠실개발(주)에 귀속되었다.

개발의 신천지가 된 잠실

상전벽해라는 말 그대로 뽕밭이었던 잠실섬은 개발의 신천지가 되었다. 잠실지구 개발사업은 1973년 대통령 박정희의 지시에 따라 잠실지구 종합개발계획이 수립되면서 시작되었다. 잠실지구 종합개발계획은 잠실섬일대 대지 340만 평에 잠실주공1~5단지와 잠실종합운동장을 건설하는 것이 골자였다.

특기할 만한 것은 잠실지구 사업이 근린주구론(近隣住區論)에 기초하여 수립되었다는 사실이다. 근린주구론은 미국의 도시계획가 페리(Clarence Arthur Perry)가 주장한 근린단위(Neighborhood Unit)이론에 따른 것이다. 모든 가족들은 자신의 생활권역에서 공공시설과 환경조건을 누릴 수 있어야 한다는 것이 근린단위이론의 요지이다. 근린단위이론의 여섯 가지 내용은 초등학교가 입지할 수 있는 규모 확보와 편리한 접근성, 적당한 규모의 놀이공간과 구매시설의 확보, 자동차로부터 안전한 생활영역 확보와 도로망 구축 등이다.

대한주택공사가 시공한 잠실주공1~4단지 기공식은 1975년 2월 6일 열렸다. 1차 오일쇼크의 여파가 한창이던 그해 4월 대통령 박정희는 대한주택공사 사장에 양택식 전 서울시장을 임명했다. 양택식은 부임과 함께 잠실단지건설본부를 설치하고 잠실주공1~4단지를 연내에 완공하기 위해 '180일 작전'을 전개했다. 마치 전쟁과도 같은 속도전을 펼친 결과 잠실주공1~4단지는 그해 말 완공될 수 있었다.

잠실주공1~4단지 건설공사에는 연인원 280만명의 노동자가 동원되었다. 1~4단지는 5~6층 높이의 연탄난방 아파트로 총 1만 1,660세대 규모였다. 이즈음 서울시도 119개 동 4,520세대의 잠실시영아파트 건설에 매진했다. 잠실시영아파트는 5~6층 높이의 13평형 아파트로 불량 주택에 살던 철거민들에게 분양될 예정이었다.

1976년 8월 착공된 잠실5단지는 아파트공화국 대한민국의 주택건설사에 하나의 획을 그었다. 잠실5단지는 23평형과 25평형으로 당시로서는 파격적인 대형 평수였다. 단지의 규모면에서도 1~4단지에 비할 바가 아니었다. 3단지가 5만 3,828평, 4단지가 4만 2,249평인 데 비해 5단지는 9만 8,815평이었다. 넓은 대지 위에 건설된 5단지는 아파트 동과 동의 이격거리가 70m로 1~4단지 40m에 비해 일조권이 좋았다. 또한 잠실5단지는 그동안 12층까지 건설이 가능했던 아파트 단지들과는 달리 15층으로 지어진 고층 아파트였다.

1978년 11월 5단지 완공과 함께 잠실주공1~5단지 종합준공식이 개최되었다. 3년 만에 완공된 잠실아파트 단지는 단일 업체가 건설한 주택공사로는 세계 10위권 안에 드는 초대형 공사였다. 오일쇼크의 여파 속에 지어진 잠실1~5단지는 주거환경 개선이라는 국가적인 목표를 달성하기 위해 인적, 물적 자원이 총동원된 사업이었다.

그럼에도 잠실아파트 단지는 간과할 수 없는 문제점을 안고 있었다. 근린주구이론에 기초한 잠실지구 아파트 단지는 자족 가능한 단지들의 병렬적인 집합이었다. 각 단지는 독립된 생활권을 이루지만 다른 단지와는 단절된 폐쇄적인 구조였다. 다시 말해 잠실아파트 단지는 이웃과 이웃이 벽 하나를 사이에 두고 얼굴도 모른 채 살아가는 도시민의 파편화된 주거공간의 본격적인 등장을 의미했다. 이후 잠실1~5단지는 강동구 둔촌단지, 강남구 개포단지, 경기도 과천시 주공아파트 단지의 모델이 되었다.

잠실1~5단지는 파편화된 구조 속에 갇혀 사는 도시민들의 서글픈 현실을 보여준다. 그래서 작가 조세희는 상전벽해의 땅 잠실에는 민들레조차 살지 못하는, 오직 시멘트와 철근에 의해 유지되는 척박한 사막과 같은 곳이라고 갈파한바 있다.

> 잠실은 모래로 만들어진 동네이다. 모래땅에 모래 아파트들이 가득 들어서 있다. 둑을 쌓고 그 위에 아스팔트를 깔아 도로를 내기 전에는 범람한 강물이 여름 잠실을 덮쳐누르곤 했었다. 모래 동네에 사는 사람들은 그것을 모르고 있다.…… 잠실을 버틸 수 있게 해 주는 것은 시멘트와 철근이다. 시멘트와 철근을 빼면 모든 것이 무너져 내리고 모래만 남아 흩날리게 될 것이다. 모래는 모래끼리 아무리 뭉치려고 해도 뭉치지 못한다.
>
> ― 조세희, 〈민들레는 없다〉, 《시간여행》, 문학과지성사, 1983년, 99쪽

• 참고 문헌 •

- 남종영, "뽕밭이 '콘크리트숲'으로", 한겨레신문, 2005년 2월 14일
- 박철수, '뽕밭에서 아파트 도시로 변한 상전벽해의 섬, 잠실', 《한강의 섬》, 마티, 2009년
- 서울시사편찬위원회, 《서울의 하천》, 2000년
- 서주석, 《서울 택리지》, 소담, 2014년
- 손정목, 《서울도시계획이야기》3, 한울, 2003년

송파나루와 삼전나루

송파나루터 표석 상전벽해의 현장인 송파구 잠실에서 송파나루와 삼전나루의 흔적은 찾을 길이 없다. 오직 송파구, 삼전동이라는 지명으로만 그 흔적이 남아 있을 뿐이다. 송파나루터 표석은 석촌호수 남단 송파대로변에 자리하고 있다. ⓒ 전상봉

송파나루는 조선시대 한양과 경기도 광주(廣州)를 잇는 중요한 길목이었다. 송파나루 인근에는 상설시장인 송파시장이 번성하였다. 1960년대까지만 하더라도 송파와 뚝섬을 잇는 나룻배가 오갔으나 1971년 물막이 공사로 송파강이 매몰되면서 송파나루는 자취를 감췄다.

송파나루 근처에는 삼전나루가 있었다. 한양도성과 남한산성을 잇던 삼전나루는 삼밭개, 세밭나루, 뽕밭나루라고도 불렀다. 조선시대 한양에서 남한산성을 가려면 왕십리를 거쳐 살곶이, 화양정(華陽亭)을 지나 삼전나루를 건너야 했다. 이런 지리적 연계성 때문에 삼전나루는 비극의 현장이 되었다. 병자호란 때 남한산성으로 피신한 인조가 45일 동안 항쟁하다가 청군 본영이 있던 삼전도(三田渡, '도'는 강나루를 말한다)에서 여진족의 풍습에 따라 삼배구고두(三拜九叩頭, 무릎을 꿇고 양손을 땅에 댄 뒤 머리가 땅에 닿을 때까지 세 번 조아리는 동작을 세 차례 되풀이 함)의 예를 갖추고 항복했던 장소이기도 하다.

2장

강남 개발과
3핵도시 구상

1

3핵도시 구상과 지하철 2호선

　한성판윤(지금의 서울시장)은 어지간해서는 낙점받기 힘든 자리였다. 임금이 가장 신임하는 인물로 친가는 물론 외가쪽 3대까지 지체를 살펴 임명했기 때문이다. 그래서 "영의정 하기보다 한성판윤 내기가 더 어렵다"는 말이 생겨났다. 지금의 도지사와 광역시장에 해당하는 조선8도 관찰사와 부윤이 종2품의 외관직인 데 비해 한성판윤은 정2품이었다. 한성부(漢城府) 수장을 부윤(府尹)이라 하지 않고 판윤(判尹)이라 일컫는 것은 한성판윤의 정치적 의미가 그만큼 컸기 때문이다.

　한성판윤은 어전회의에 참석해 3정승 6판서와 함께 국정을 논했고, 국가의 주요행사에도 참여하는 등 재상에 버금가는 지위를 누렸다. 한성판윤은 한성부의 일상적인 행정 업무, 죄인을 문초하고 판결하는 소송 업무, 조정을 대표하여 중국 사신을 영접하는 외교 업무를 담당하였다. 임금이 행차할 때는 어가를 안내했고, 선위사(宣慰使)의

한성부 전경 조선을 건국한 태조 이성계는 한양으로 천도한 다음 해인 1395년 한양부를 한성부로 개편했다. 이때부터 한성부는 515년 동안(1395~1910년) 조선의 수도로서 기능했다.ⓒ 서울역사편찬원《시민을위한서울역사2천년》

임무를 띠고 지방에 파견되기도 했다.

초대 판한성부사 성석린(태조4년 1395년) 이후 한성판윤은 1,450명으로 평균 재임기간은 5개월 남짓했다. 하루살이 판윤이 5명이나 될 정도로 인사이동이 잦았음에도 광해군 때 한성판윤을 지낸 오억령은 13년 4개월 동안이나 자리를 지켰다. 한성판윤을 지낸 다음에는 대부분 판서로 승차했다. 한성판윤을 지낸 인물 중에는 황희, 맹사성, 서거정, 권율, 이덕형, 박문수, 박세당, 박규수, 지석영, 민영환 들이 있다.

예나 지금이나 토목공사는 눈에 띄는 치적사업이다. 한성판윤의

업적 또한 도시계획과 건설분야에서 두드러졌다. 초대 한성판윤을 지낸 성석린은 경복궁 신축, 도성 축조, 개천(청계천) 준설 등 수도 건설의 기반을 다지는 공을 세웠다. 영조 때 한성판윤을 지낸 홍계희는 대대적인 청계천 준설을 통해 배수기능을 회복시켰다. 대한제국이 선포된 이듬해인 1898년 한성판윤에 임명된 이채연은 도로확장과 거리정비사업을 펼쳐 근대적 도시 건설의 기초를 닦았다.

불도저 김현옥 서울시장의 등장

서울을 좋은 도시로 만들지 말아야 농촌 인구가 몰려오지 않는다.

서울시장 윤치영은 1963년 서울시 국정감사에서 이렇게 답변했다. 도시계획을 전혀 하지 않아도 매년 20~30만 명의 인구가 몰려드는데, 만약 도시계획을 잘한다면 서울 인구는 더욱 늘어날 것이라는 게 그의 인식이었다.

1966년 3월 서울시장 윤치영이 해임되고, 김현옥이 새 시장에 임명되었다. 김현옥은 부산시장으로 재직하면서 부산역 앞 부두지구 구획정리사업과 각종 도로건설에 능력을 발휘하였다. 대통령 박정희가 제6대 대선(1967. 5. 3)을 1년 앞두고 김현옥을 서울시장에 임명한 이유는 서울 도심정비와 재개발을 통해 가시적인 치적을 쌓아야 했기 때문이다.

국군수송사령부의 모태인 제3항만사령부 사령관을 역임한 김현옥

밤섬 폭파 행사에 참여한 김현옥 서울시장 경남 진주에서 태어난 김현옥(1926~1997)은 해방 후 육군사관학교 3기로 임관, 육군수송학교장을 지냈다. 1962년 준장으로 예편한 다음 직할시로 승격한 부산시장을 역임하고 1966년 40세 나이에 서울시장에 발탁되었다.
ⓒ 서울역사박물관 디지털아카이브

은 도로를 사람의 혈관에 곧잘 비유했다. 피가 잘 통하면 사람이 건강하듯이 도로가 막힘없이 잘 뚫리면 국가와 도시가 부강해진다는 게 그의 지론이었다. 김현옥은 서울시장에 부임하자마자 불도저라는 별명에 걸맞게 '돌격'이라 쓰인 헬멧을 쓰고 현장을 누볐다.

서울시장 김현옥은 1966년 세종로와 명동 지하도 공사를 비롯하여 수많은 보도육교를 건설하고, 불광동길, 미아리길, 광나무길을 확장했다. 1967년에는 세운상가와 낙원상가 같은 도심부 재개발사업을 추진하여 이듬해인 1968년 사창가의 상징과도 같던 '종삼(종로3가 유곽)'을 철거했다. 또한 1968년에는 여의도 윤중제 공사를 중심으로 하는 한강개발사업을 추진했다. 1969년에는 서울요새화 계획의 일

환으로 남산1·2호터널을 뚫고 도심의 주요 간선도로를 확장하는 한편, 도심과 외곽을 연결하는 방사형 도로, 외곽과 외곽을 연결하는 순환도로를 만들었다. 1969년 12월에는 제3한강교(한남대교)를 준공하여 강남 개발의 신호탄을 쏘아 올렸다.

김현옥 시장이 시민아파트 건설에 착수한 것은 1969년이다. 1971년까지 3개년 계획으로 240억 원을 투입하여 시민아파트 2,000동(10만 호)을 짓는 계획이었다. 판자촌이 헐리고 서울 곳곳이 공사판으로 바뀌었다. 1970년까지 금화, 청운, 와우지구 등 32개 지구에 434동(1만 7,402호)의 시민아파트가 건설되었다. 그러나 전쟁을 치르듯 속도전으로 건설한 날림공사의 후유증은 컸다. 1970년 4월 8일, 지은 지 4개월이 채 되지 않은 와우아파트가 와르르 무너져 33명의 목숨을 앗아갔다.

와우아파트 붕괴사고로 김현옥은 서울시장에서 물러났다. 그에 대한 평가는 엇갈렸다. '서울뿐 아니라 대한민국 전체를 바꾼 인물'이라는 찬사가 있는가 하면, '임면권자의 정치적 목적과 전시효과를 위해 군대식으로 속도전을 펼쳤다'는 비판도 일었다. 찬반을 떠나 한 가지 분명한 것은 그가 추진한 각종 건설사업으로 서울의 골격이 갖춰졌다는 사실이다.

1970년 4월 16일, 제15대 서울시장으로 양택식이 부임했다. 양택식 시장은 새벽부터 저녁까지, 밤낮 주말도 없이 일에만 몰두했다. 그는 서울시의 어려운 재정 여건 속에서도 전임 시장이 추진한 여의도 사업을 마무리 짓고, 영동지구 개발사업을 본격적으로 추진했다.

부임 직후인 1970년 6월 9일에는 철도청장으로 일한 경험을 살려 서울지하철건설본부를 설치했다. 그런 다음 1971년 4월 12일 "지하철을 건설하면 나라가 망한다"는 경제부총리 김학렬의 반대를 물리치고 지하철 1호선 공사를 시작했다. 양택식 시장의 최대 공적으로 평가받는 지하철 1호선은 1974년 8월 15일 개통되었다. 얄궂게도 이날 양택식 시장이 사퇴해야 하는 사건이 발생한다. 서울시 주관으로 국립극장에서 개최된 광복절 기념식에서 육영수 저격 사건이 터졌기 때문이다.

3핵도시 구상

1974년 9월 2일, 제16대 서울시장으로 구자춘이 임명되었다. 포병대대장 신분으로 5·16 쿠데타에 가담한 구자춘은 충남경찰국장, 전남경찰국장을 역임하고, 대령으로 예편한 다음 제주도지사와 경상북도지사를 지냈다. 김현옥, 양택식의 뒤를 이어 박정희 개발독재시대의 한 페이지를 장식한 서울시장 구자춘은 3핵도시 구상에 입각하여 강남 개발에 주력했다.

구자춘 시장이 추진한 3핵도시 구상은 홍익대 교수 김형만이 입안했다. 3핵도시 구상은 서울이 광화문과 시청을 중심으로 형성된 단핵도시이기 때문에 정치, 경제, 사회, 문화의 기능이 이곳에 집중되어 강북 도심은 날로 혼잡해지고, 외곽은 공간적으로 너무 멀어 도시 기능이 효율적이지 못하다는 문제의식에 기초한다.

3핵도시 구상 이전에도 서울 도심기능을 분산하자는 주장은 제기

잠실시영아파트(3차) 준공식에 참석한 구자춘 서울시장 포병 대대장 신분으로 5·16쿠데타에 참가한 구자춘 시장은 김현옥, 양택식 시장의 뒤를 이어 개발시대의 서울시장을 역임했다. ⓒ 서울역사박물관 디지털아카이브

되었다. 1966년 서울시가 발표한 서울 도시 기본계획의 골자는 남서울(지금의 강남구와 서초구)에 입법부를 설치하고, 영등포에는 사법부를, 용산에는 행정부를, 세종로일대에는 대통령 직속기관을 배치한다는 것이었다. 1968년 건축가 김수근이 구상한 선형의 대도시 서울 계획 또한 서울 도심과 여의도 - 영등포 - 인천을 잇는 계획과 함께 강남 개발을 염두에 두었다.

3핵도시 구상은 1977년 4월 서울 도시 기본구상이라는 이름으로 발표되었다. 서울 인구를 960만 명으로 산정하고 수립된 서울 도시 기본구상은 강북권에 480만 명, 영등포권에 276만 명, 영동권에 204만 명이 거주하도록 설계되었다.

서울 도시 기본구상에 따르면 강북권(광화문과 시청일대)은 국가의 중심지역으로 중추적인 중앙행정기능을 담당한다. 이곳에 밀집된 도심기능의 일부를 영등포권과 영동권으로 분산한 다음 광화문과 서울시청을 중심으로 하는 강북권을 재구성한다는 계획이다. 도심 내부의 중요 지점에 대규모의 다원적인 이용이 가능한 복합건물을 건설하고 보행도로를 만드는 등 강북권 도심을 쾌적한 업무공간과 생활공간으로 재구성한다는 것이다.

영등포권(영등포와 여의도)은 서울과 인천, 서울과 수원 간의 산업지대를 잇는 도심으로 기능하도록 육성한다는 구상이었다. 일제강점기부터 산업지구였던 영등포와 구로공단에는 강북 도심의 산업기능을 이전하여 생산 공간으로 발전시킨다는 것이다.

영동권(영동지구와 잠실지구)에는 기존 강북 도심에 집중된 행정, 금융기능을 이곳으로 이전, 도심으로 육성하는 계획을 수립했다. 서울시청을 비롯하여 국세청, 관세청, 조달청 등 14개의 2차 정부기관과 한국은행, 산업은행, 외환은행 등 8개 금융기관, 한전 등 정부출자기업 등을 이곳으로 이전하여 도심으로 육성한다는 것이다. 또한 남부서울역과 영동-수원, 영동-성남-수원을 잇는 철도를 건설하고 문화시설단지, 무역센터, 국제스포츠센터를 짓는 계획이 포함되었다.

지하철 2호선

서울지하철 건설 계획은 윤치영 시장이 재임하던 1964년 12월 2일 처음 발표되었다. 당시 서울시가 발표한 4개의 지하철 노선은 다음과

같다. 1호선은 서울역–동대문–청량리 구간, 2호선은 서소문–을지로
6가–성동역 구간, 3호선은 돈암동–충무로4가–장충동 구간, 4호선은
영천–중앙청–종로2가–퇴계로–광희동 구간이다.

1971년 지하철 1호선이 착공될 무렵 서울시는 지하철 1~4호선 노
선을 다음과 같이 계획하였다. 1호선은 청량리–종로–서울역–영등
포, 2호선은 왕십리–을지로–마포–여의도–영등포, 3호선은 미아리–
퇴계로–불광동, 4호선은 강남 포이동–율곡로–대림동을 연결하는
방사선의 노선이었다.

그러나 구자춘 시장은 3핵도시론에 골몰한 나머지 방사선으로 설
계된 지하철 2호선 노선을 면밀한 검토 없이 순환선으로 바꿔 버렸
다. 1975년 2월 구자춘 시장이 20분만에 즉흥적으로 지하철 2호선 노
선을 그리던 장면을 당시 서울시 도시계획국장이던 손정목은 다음과
같이 적었다.

구 시장은 미리 준비해 둔 서울시 지도를 펴놓고 그들이(손정목 등 입회
한 서울시 공무원) 서서 보는 앞에서 지하철 2호선의 선을 그었다. 검은
색 연필이었다. 종전에 정해져 있던 제2호선은 왕십리–을지로–마포–
여의도–영등포였다. 그런데 구 시장은 마포–여의도를 피하여 신촌–
제2한강교(양화대교)–당산으로 이었고, 그것을 더 연장하여 구로공업단
지 신림동 관악구청 앞 사당동 서초 강남 삼성동 잠실 성수–뚝
섬을 거쳐 왕십리로 이었다. 구도심(을지로)–영등포–영동을 잇는 3핵
의 연결이었다.

— 손정목, 《서울 도시계획 이야기》3, 273~274쪽

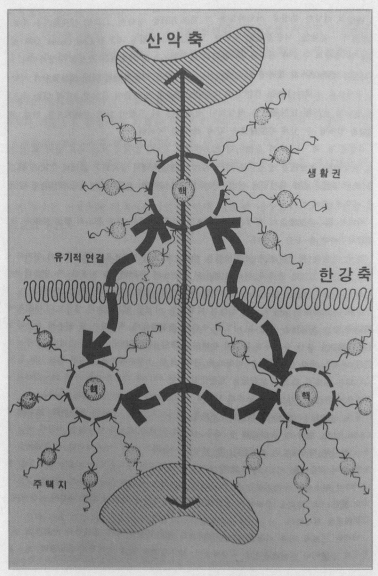

3핵도시 구상도 서울 도시 기본구상이라는 이름으로 발표된 3핵도시 구상은 서울 인구를 960만 명으로 산정하고 강북권에 480만 명, 영등포권에 276만 명, 영동권에 204만 명이 거주하도록 설계되었다. ⓒ 강남구청《강남구지》

서울의 교통난을 완화하려면 방사선 지하철 건설이 선행되어야 했다. 해외의 사례를 보더라도 도심을 통과하는 몇 개의 지하철 노선을 먼저 건설한 다음 순환선으로 연결하는 것이 일반적이었다. 그러나 구자춘 시장의 관심은 오로지 3핵도심을 연결하는 순환선뿐이었다.

지하철 2호선 공사는 1978년 3월 9일 착공되었다. 네 구간으로 분할하여 건설된 지하철 2호선은 1980년 10월 31일 신설동역-종합운동장역 구간 14.3km가 처음 개통되었다. 1982년 12월 23일에는 종합운동장역-교대역 구간 5.5km가 개통되었고, 1983년 9월 16일에는 을지로입구역-성수역 구간이 완공되었다. 1983년 12월 17일에는 교대역-서울대입구역 구간 6.7km가 개통되었고, 1984년 5월 22일에는 서울대입구역-을지로입구역 구간 19.8km가 개통되어 2호선 전구간이 완공되었다.

지하철 2호선의 파급효과는 컸다. 강북 인구의 강남 이주가 눈에 띄게 늘었다. 2호선이 착공되기 전인 1977년 말 서울 인구는 752만 명으로 강북 9개 구 인구는 489만 명, 강남 4개 구 인구는 263만 명(강북과 강남의 인구 비율 65:35)이었다. 그런데 2호선이 완전 개통된 다음해인 1985년 서울 인구 964만 6,000명 가운데 강북 10개 구 인구는 522만명, 강남 7개 구의 인구는 442만 6,000명(강북과 강남의 인구 비율 54대 46)인 것으로 나타났다.

지하철 2호선 주변의 고층화도 눈에 띄는 변화였다. 강변역 주변에는 동서울터미널이 이전했고, 테크노마트(39층)와 고층 아파트가 건설되었다. 올림픽공원이 조성된 잠실역 주변에는 롯데월드가 자리를 잡으면서 재벌 롯데의 본거지가 되었다. 강남역에서 삼성역에 이르는 테헤란로 주변은 마천루의 숲이 되었다. 1988년 서울올림픽을 앞뒤로 한국전력 사옥(22층), 무역회관(코엑스 55층), 인터콘티넨탈 호텔(33층), 라마다르네상스 호텔(22층) 등 고층건물이 속속 건설되었다.

역세권 개발이 본격화한 것도 이때부터다. 2호선이 부도심권을 연결하게 되면서 지하철역을 중심으로 상권이 형성되기 시작했다. 2호선 2단계 구간(종합운동장역-교대역)이 개통된 1982년 12월 삼성역-선릉역-역삼역-강남역 주변은 허허벌판이었다. 그러나 2호선이 완공되자 이 일대는 순식간에 강남 제일의 번화가로 탈바꿈하기 시작했다.

• 참고 문헌 •

- 서울특별시립박물관, 〈한성판윤전〉, 서울특별시립박물관, 1997년
- 손정목, 《서울 도시계획 이야기》 3·4, 한울, 2003년
- 손정목, 《한국 도시 60년의 이야기》 1, 한울, 2005년
- 최근희, 《서울시 도시개발정책과 공간구조》, 서울학연구소, 1996년
- 최인영, '1960년대 서울지역 전차교통의 한계와 철거', 《서울과역사》 93호, 서울
  역사편찬원, 2016년 6월

2

지역 차별의 상징이 된
강남고속버스터미널

이 고속도로는 박 대통령 각하의 역사적 영단과 직접 지휘 아래 우리나라의 재원과 우리나라의 기술과 우리나라 사람들의 힘으로 세계 고속도로 건설사상에 있어 가장 짧은 시간에 이루어진, 조국 근대화의 목표를 향해 가는 우리들의 영광스러운 자랑이다.

1970년 7월 7일 건설부장관 이한림

경북 김천 추풍령휴게소에 세워진 경부고속도로 준공 기념탑 뒷면에 새겨진 글이다. 경부고속도로 건설은 1964년 12월 대통령 박정희의 서독 방문이 계기가 되었다. 차관 도입을 목적으로 서독을 방문한 박정희는 자동차전용 고속도로인 아우토반에 매료되었다. 이때부터 박정희는 경부고속도로 건설에 몰두했다.

그가 공개적인 장소에서 경부고속도로 건설을 처음 발언한 것은 1967년 4월 27일이다. 이날 서울 장충단공원에서 열린 제6대 대통령

양재 나들목 양재 나들목은 1968년 경부고속도로 서울-수원 구간이 개통될 당시에는 설치되지 않았다. 이후 인근 지역의 교통문제를 해결하기 위해 1977년 9월에 설치되었다. 양재 나들목이 개통한 직후인 1977년 10월 1일 촬영한 사진이다. ⓒ 서울역사박물관 디지털 아카이브

선거 유세에서 박정희는 4대강유역 개발이 포함된 국토건설계획을 발표하면서 경부고속도로 건설을 공약했다.

대선에서 승리한 박정희는 1967년 11월 14일 정부여당 연석회의를 개최하고 경부고속도로 건설을 결정했다. 공사는 네 구간으로 나누어 착공되었다. 1968년 2월 1일 서울-수원-오산 구간을 처음 착공한 다음 4월 3일에는 오산-천안-대전 구간 기공식을 열었다. 9월 11일에는 대구-경주-부산 구간 공사가 시작되었고, 가장 어려운 공사였던 대전-대구 구간은 해가 바뀐 1969년 1월 4일 착공되었다.

공사는 속전속결로 진행되어 1968년 12월 21일 서울-수원 구간이

처음 개통된 데 이어 12월 30일에는 수원-오산 구간이 개통되었다. 해가 바뀐 1969년 9월 29일에는 오산-천안 구간이, 12월 10일에는 천안-대전 구간이, 12월 29일에는 대구-경주-부산 구간이 개통되었다. 그리고 대전-대구 구간이 1970년 7월 7일 완공되면서 경부고속도로 모든 구간이 개통되었다.

경부고속도로의 빛과 그림자

경부고속도로는 박정희 개발독재를 대표하는 기념비적인 토건사업이다. 강준만은 《한국 현대사 산책》에서 다음과 같이 1970년대를 정의한바 있다.

> 1970년대를 보는 시각은 크게 두 가지로 나눌 수 있다. 상징으로 표현하자면, '전태일과 경부고속도로'가 될 것이다. 1970년 7월 7일에 개통된 경부고속도로는 전화(戰禍)의 잿더미 속에서 들고일어난 이른바 '한강의 기적'을 상징하며, 그해 11월 13일에 일어난 노동자 전태일의 분신자살은 그 '기적'의 이면에 숨은 잔인한 인권유린을 상징한다.
>
> — 강준만, 《한국 현대사 산책》 1970년대편 1권, 5쪽

대한민국을 종으로 관통하는 경부고속도로 완공으로 전국은 일일생활권이 되었다. 사람들의 왕래가 잦아지고, 물류 이동이 활발해지면서 국민들의 심리적 거리감은 급속도로 좁혀졌다. 대통령 박정희

가 1966년 1월 18일 연두교서에서 발표한 "1970년대 후반기 제3차 경제개발5개년계획이 끝날 무렵에는 '소비는 미덕'이라는 새로운 표어가 등장하는 대량 생산, 대량 소비의 '풍요한 사회'"가 국민들의 눈앞에 다가오는 듯했다.

그러나 빛이 있으면 그림자가 있는 법. 경부고속도로는 선 개통, 후 보완이라는 원칙 아래 군사작전을 펼치듯이 건설되어 보수공사로 몸살을 앓았다. 개통 1년이 지나자 건설비의 10%인 42억 3,000만 원이 보수 공사비로 들어갔고, 개통 10년이 지나자 보수 공사비는 건설비(430억원)를 초과했다. 그리고 완공 20년이 지나자 건설비 네 배에 가까운 1,527억 원이 유지 보수비로 들어갔다. 한마디로 경부고속도로는 누더기 고속도로이다.

대륙 침략을 위해 일제가 부설한 경부선과 나란히 건설된 경부고속도로는 경기도 서부를 관통하는 1번 국도를 따라 남하하다가 대전에서 충북을 지나 경북으로 우회한다. 이 같은 공간구조는 경부고속도로의 교통혼잡을 가중시키는 요인이 되었다. 영남과 호남의 여객과 화물이 서울–대전 구간에 집중되면서, 이 구간은 만성적인 교통체증에 시달려야 했다.

경부고속도로는 망국적인 영호남 지역차별의 상징물이기도 했다. 제2차 경제개발5개년계획(1967~1971)이 마무리될 때까지 호남에는 이렇다 할 공장은 물론 제대로 된 도로 하나 건설되지 않았다. 반면 영남에는 울산공단, 구미공단, 포항제철 등 공업지대가 들어섰다. 이 때문에 호남 사람들에게 경부고속도로는 영호남 지역차별을 가시적으로 입증하는 증거물로 받아들여졌다.

단군 이래 최대 토목공사라 불린 경부고속도로 건설은 토건국가 대한민국의 탄생을 의미했다. 공사에 주도적으로 참여한 현대건설은 굴지의 재벌로 성장했고, 경부고속도로 부지확보를 위해 시행된 영동토지구획정리사업은 강남 개발과 부동산투기를 촉발시켰다. 특히 1975년 영동아파트 지구 지정과 함께 시작된 강남발 아파트 건설 붐을 타고 토건국가 대한민국이 등장했다.

경부고속도로는 한·미·일 3각 동맹체제 강화라는 정치·군사적인 배경과도 관련이 깊다. 일본에게서 받은 대일청구권 자금 27억 원이 건설비로 투입된 것은 결코 우연한 일이 아니다. 경부고속도로는 한·미·일 동맹관계에 기초하여 박정희 정부가 추진한 수출주도형 경제개발을 위한 기반시설로 영남의 산업벨트(포항제철–울산공단–부산항–마창공단)와 수도권을 잇기 위한 목적 아래 건설된 것이다.

강남고속버스터미널, 교통지옥의 문이 열리다

1969년 4월 12일 서울과 인천을 오가는 고속버스(한진고속)가 운행을 시작했다. 8월 15일에는 동양고속이 운영하는 고속버스가 서울–수원 구간을 달리기 시작하면서 바야흐로 고속버스 시대가 개막되었다.

경부고속도로 건설이 한창이던 1968년 11월 29일 고속버스 운영사가 선정되었다. 한진관광, 동양고속, 광주여객, 한일여객, 천일여객, 코리아그레이하운드였다. 운영사 선정에 가장 큰 영향을 미친 요소

처음 개장 당시 강남고속버스터미널 모습 1976년 9월 1일 강남종합버스정류장(지금의 강남 고속버스터미널)이 완공되어 구자춘 서울시장과 운수업계 관계자들이 참석한 가운데 개장되었다. ⓒ 서울역사박물관 디지털 아카이브

는 대통령 박정희와 고속버스 사업주의 친분관계였다. 항공, 해운업을 전문으로 하는 한진고속을 비롯하여 광주·전남은 광주고속이, 대구·경북은 한일여객이, 부산·경남은 천일여객이, 충북·청주는 속리산고속이 선정되었고 서울–인천 구간은 삼화고속에게 돌아갔다. 이들 업체는 일본, 독일, 미국에서 중고 고속버스를 들여와 영업을 시작했다. 당시 수입한 중고 버스는 일본제 190대, 독일제 벤츠 160대, 그레이하운드 80대였다.

이즈음 서울의 고속버스터미널은 여러 곳에 분산되어 있었다. 한진고속은 봉래동1가에, 삼화고속은 종로구 관철동에, 동양고속은 남

대문로5가에, 광주·한남·한일·천일고속은 종로6가 동대문고속버스
터미널에, 속리산고속은 을지로3가에, 유신고속(코오롱고속)은 충무
로3가에, 그레이하운드는 도동1가에 위치했다.

서울시 인구증가 없이 강북의 조밀 인구를 강남에 소산시키는 방향으
로 정책적인 방안이 깊이 연구되어야 한다.

1975년 3월 4일 서울시 연두순시에서 박정희는 이렇게 지시했다.
대통령 지시에 따라 서울시장 구자춘은 강남으로 종합버스터미널 이
전을 추진했다. 이 과정에 3핵도시 구상에 따라 구도심(기존 동대문터
미널과 봉래동2가 터미널), 영등포(당산동3가 구 영등포공작창), 영동지
구(반포동)에 고속버스터미널을 조성하는 방안이 제기되었으나 구자
춘의 의중은 강남에 종합버스터미널을 건설하는 것이었다.

1975년 6월 27일 서울시는 도심 집중 완화와 강남 개발을 촉진한
다는 이유로 서초구 반포동 19번지에 종합버스터미널을 건설하는 계
획을 발표했다. 이날 발표된 계획에 따르면 반포동 19번지 부지 5만
평에 고속버스터미널(3만 평)과 시외버스터미널(1만 평)을 짓고, 나머
지 1만 평 부지에 택시 승강장과 시내버스 주차장 등을 건설한다는
내용이었다.

해가 바뀐 1976년 9월 1일 강남종합버스정류장이 완공되었다. 4개
월 만에 급조된 강남종합버스정류장은 5만 평의 허허벌판에 승차장
세 개와 300평 규모의 공동 정비고가 전부인 고속버스터미널이었다.
강북에서 강남을 오가는 대중교통편이 변변치 않은 상황에서 강남에

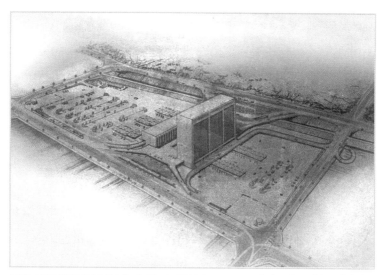

1978년 3월 23일 율산건설이 제안한 강남종합터미널 조감도 율산그룹은 서울종합터미널
(주)을 설립하고 20층 높이의 호남선·영동선 터미널을 건설할 계획이었으나 자금 압박을
받으면서 지상 3층의 가건물 터미널을 만들었다. ⓒ 서울역사박물관 디지털 아카이브

건설된 고속버스터미널은 강북 터미널에서 출발한 고속버스가 잠시
들렀다가는 중간 정류장에 지나지 않았다.

　이 같은 상황 타개를 위해 정부가 동원한 방법은 강북터미널의 강
제 이전 조치였다. 1977년 4월 1일 국토부장관 최경록은 강북의 터미
널을 강남으로 이전하라는 행정명령을 내렸다. 이전하지 않으면 사
업면허를 취소한다는 으름장에 고속버스 업자들은 울며 겨자 먹기로
따를 수밖에 없었다. 기반시설이 갖춰지지 않은 상태에서 고속버스
터미널의 강남 이전은 시민들에게 큰 불편을 강요했다. 접근성을 높
이기 위해 서울시가 잠수교를 건설(1976. 7. 15)하고, 남산3호터널을
뚫었지만(1978. 5. 1) 교통난은 해소되지 않았다. 강남고속버스터미널

주변은 만성적인 교통 정체로 몸살을 앓았다. 대중교통이라곤 시내버스와 합승택시가 전부였던 강남고속버스터미널은 말 그대로 교통지옥이었다. 서울시의 주먹구구식 행정 결과로 1984년 개통된 지하철 2호선은 강남고속버스터미널을 비켜 지나갔다. 지옥과도 같은 교통난은 1985년 10월 18일 지하철 3호선이 개통된 뒤에야 숨통이 트였다.

이런 가운데 1978년 11월 23일 8개의 고속버스 회사가 설립한 (주)서울고속이 280억 원을 들여 경부선 고속버스터미널 건설공사를 시작했다. 서울고속버스터미널(경부선)이 완공된 것은 1981년 10월 20일이다. 1층, 3층, 5층에 승차장이 있었던 서울고속버스터미널은 5층이나 3층에서 고속버스를 타고 지상으로 내려갈 때 제법 짜릿함을 느낄 수 있었다. 그러나 부실하게 지어진 승차장 램프는 버스 무게를 감당하지 못했다. 결국 1988년 5월 5층 승차장이 폐쇄되었고 1992년 10월에는 3층 승차장마저 문을 닫았다.

서울고속버스터미널은 공사비 280억 원 가운데 260억 원이 상인들의 임대보증금으로 충당되었을 정도로 (주)서울고속의 재무상태가 부실했다. (주)서울고속의 부실한 재무구조는 터미널 준공 이후 비리로 이어졌다. 1983년에는 분양한 상가 점포를 전세로 임대한 것처럼 서류를 위조하여 74억 원을 추징당했다. 1988년에는 폐쇄된 5층 승차장과 부대 공간을 판매시설로 불법 전용하여 관련자들이 처벌받기도 했다.

지역차별의 상징에서 물신의 공간으로

서울시는 터미널 주변의 만성적인 교통난을 완화하기 위해 시외버스터미널을 서초구 서초동으로 이전한다. 그런 다음 1977년 4월 시외버스터미널 부지 1만 8,781평을 율산그룹에 매각(13억 원)했다. 율산그룹 회장 신선호는 서울종합터미널(주)을 설립하고 이곳에 20층 높이의 호남선·영동선 터미널을 건설할 계획이었다. 1977년 10월 6일 터미널 신축공사가 시작되었으나 얼마 지나지 않아 율산그룹이 자금 압박을 받으면서 공사는 차질을 빚었다. 결국 호남선·영동선 터미널은 1978년 3월 1일 대합실과 사무실, 정비고만 있는 지하 1층, 지상 3층의 가건물로 준공되었다.

전두환 신군부가 1980년 5월 광주학살을 자행한 이듬해 경부선 터미널(서울고속버스터미널)이 완공되었다. 11층으로 지어진 경부선 터미널은 3층 높이의 가건물인 호남선 터미널과 대비되었다. 두 건물의 극적인 대비는 박정희 정권과 전두환 정권으로 이어진 영호남 지역차별의 상징과도 같았다.

그렇게 시간은 흘러 율산그룹(서울종합터미널(주))이 제출한 호남선 터미널 신축계획안이 1992년 11월 12일 수도권정비심의위원회를 통과했다. 계획안의 골자는 호남선 터미널 자리에 지하 3층, 지상 16층, 연건평 4만 6,881평의 백화점·호텔·터미널이 입주하는 복합건물을 짓는다는 것이었다.

공사는 1994년 12월 시작되었으나 순탄치 않았다. 서울종합터미널(주)의 후신인 센트럴시티의 자금력이 여의치 않았기 때문이다. 그러

2000년 9월 1일 완공된 센트럴시티 모습 호남선과 영동선이 입주한 센트럴시티에는 터미널과 함께 34층 높이의 JW메리어트호텔과 신세계백화점이 입주한 이른바 복합생활 문화공간으로 지어졌다. ⓒ 전상봉

다가 우여곡절 끝에 2000년 9월 1일 34층짜리 센트럴시티가 완공되었다. 센트럴시티는 호남선 고속버스터미널과 함께 신세계백화점 강남점과 JW메리어트호텔이 입주한 이른바 복합생활 문화공간으로 지어졌다.

김대중 정부 시절 센트럴시티가 준공되면서 호남선 터미널에 투영된 지역차별의 상징성은 사라졌다. 박해받던 호남 정치의 상징 김대중이 대통령에 당선되었고, 초라한 가건물 터미널이 34층의 으리으리한 건물로 지어졌기 때문이다. 그러나 20년 동안 지역차별의 그림자가 드리워졌던 호남선 터미널은 화합의 공간으로 거듭나지 못했다. 호남선이 입주한 센트럴시티는 터미널 본래의 공공적 기능보다는 백화점에 진열된 상품들이 사람들을 유혹하는 물신(物神)의 공간으로 지어졌다. 그런 의미에서 센트럴시티는 강남의 탐욕을 상징하는 또 하나의 랜드마크이다.

• 참고 문헌 •

- 강준만,《한국현대사 산책》1970년대편 1권, 인물과사상사, 2002년
- 손정목,《서울 도시계획 이야기》3, 한울, 2003년
- 이나리, '집념의 신선호, 신화는 끝나지 않았다',《신동아》, 동아일보사, 2000년 12월호
- 전강수, '1970년대 박정희 정권의 강남개발',《역사문제연구》제28호, 역사문제연구소, 2012년10월
- 조 한,《서울, 공간의 기억 기억의 공간》, 돌베개, 2013년
- 최광승, '박정희는 어떻게 경부고속도로를 건설하였는가',《정신문화연구》제33권 제4호, 2010년

3

강북 고등학교 강남 이전기

1966년부터 1980년 사이 서울 인구는 하루 900명씩 늘어났다. 이시기 서울시의 인구 증가는 동서고금을 막론하고 그 유례가 없었다.

1966~80년의 15년 간 서울에는 정확히 489만 3,500명의 인구가 늘었다. 이 증가수를 15로 나누고 다시 365로 나누면 하루 평균 894명의 인구가 15년 간 하루도 빠짐없이 새롭게 늘어난 셈이다. 토요일도 일요일도 없이 매일 894명씩 인구가 늘어나면 매일 22동의 주택을 새로 지어야 하고, 50명씩 타는 버스가 18대씩 늘어나야 하고, 매일 268톤의 수돗물이 더 생산 공급되어야 하고, 매일 1,340kg의 쓰레기가 늘어난다는 계산이 나온다. 정확히 말하면 김현옥이 서울시장으로 부임한 1966년 4월 4일 이후부터 제4공화국이 끝나는 1979년 10월 말까지 서울시 간부들에게는 토요일·일요일이란 것이 없었다. 하루하루가 전쟁 바로 그것이었기 때문이다.　　　　— 손정목, 《서울 도시계획 이야기》 4, 290쪽

서울시의 폭발적인 인구 증가는 박정희 유신체제에 적지 않은 부담이었다. 주택과 상하수도 부족, 슬럼가 확장과 교통 혼잡, 학교 과밀과 사회 범죄의 증가 등 많은 문제를 동반하였다. 무엇보다 남북이 첨예하게 대치하는 상황에서 폭발적인 인구 증가는 유사시 엄청난 부담으로 작용할 수밖에 없었다. 이 때문에 서울시 인구를 억제하고, 강북에 밀집된 인구를 강남으로 분산하는 방안이 절실하게 요구되었다. 대통령 박정희가 1975년 3월 4일 서울시 연두순시에서 "인구 증가 없이 강북의 조밀 인구를 강남에 소산시키"라고 지시한 것은 이같은 상황 인식에 따른 것이었다.

개발촉진지구로 지정된 영동지구

1970년 11월 5일 양택식 서울시장이 남서울개발계획을 발표하면서 영동지구의 밑그림이 그려졌다. 남서울개발계획은 영동지구에 60만 명 수용을 목표로 설계되었다. 서울시는 남서울개발계획의 일환으로 논현동 7,194평 부지에 12개 동 360세대의 공무원아파트를 1971년 12월 28일 완공하였다. 또한 서울시는 1972년 3월 25일 영동지구에 시영주택 1,350동을 건설, 분양한다고 발표하였다. 이 계획에 따라 압구정동, 논현동, 학동, 청담동 등지에 주택단지 8개가 건설되었다. 그러나 이것만으로는 강북 인구를 강남으로 분산시킬 수는 없었다.

사치와 낭비 풍조를 막고 도심 인구 과밀을 억제하기 위해 강북 주요지

구 내에서는 백화점, 도매시장, 공장, 각종 유흥시설 등의 신규시설 일
체를 불허한다.

1972년 2월 8일 서울시장 양택식은 강북 도심을 특정시설 제한구
역으로 지정했다. 이날 발표된 내용은 종로구, 중구, 서대문구일대에
나이트클럽, 술집, 다방, 호텔, 여관 등 각종 유흥시설의 허가와 이전
을 금지하고, 백화점, 도매시장, 제조업체, 학원, 대학의 신설과 증설
을 불허한다는 것이었다. 제한구역의 지정으로 가장 큰 타격을 받은
곳은 서울시청 주변의 중구 다동과 무교동, 종로구 공평동과 인사동
일대의 술집과 카바레, 고급 요정 등 접객 업소였다.

서울시는 특정시설 제한구역을 발표하여 강북 도심을 묶어둔 다음
1973년 6월 영동지구를 개발촉진지구로 지정하였다. 개발촉진지구
에서는 부동산투기 억제세, 영업세, 등록세, 취득세, 재산세, 도시계
획세, 면허세가 면제되었다. 정부와 서울시는 영동지구에서 토지를
매입하여 건물을 신축할 경우 등록세와 취득세를 면제해 주었고, 건
설자금까지 융자받을 수 있도록 지원하였다. 각종 혜택이 주어지자
다동, 무교동 등 도심 유흥업소들이 강남구 신사동, 논현동, 압구정
동, 역삼동으로 옮겨가기 시작했다.

행정구역의 개편도 뒤따랐다. 서울시는 조례 제780호를 제정하여
1973년 7월 1일 자로 성동구 언주출장소와 영등포구 신동출장소를
통합, 성동구 영동출장소를 설치했다. 이로써 영등포구에 속했던 반
포동, 잠원동, 서초동, 양재동, 우면동, 원지동 등 현재의 서초구가 성
동구로 편입되었다.

그럼에도 영동지구는 '남편 없이는 살아도 장화 없이는 살 수 없다'는 말이 나돌 정도로 살기 불편한 곳이었다. 대중교통편은 부족했고 관공서와 기업, 시장과 학교 등 기반시설도 변변찮았다. 서울시 인구가 688만 명을 헤아리던 1975년 영동지구(강남구, 서초구)에 거주하는 인구는 11만 6,716명(가구수 2만 4,637호)에 불과했다.

이런 상황에서 1972년 10월 28일 문교부가 서울 도심 고등학교를 강남으로 이전한다고 발표했다. 점차 심각해지는 도심 공해에서 학생들을 벗어나도록 하고, 서울 도심의 과밀 인구를 분산시킨다는 게 이유였다. 고등학교가 이전 대상으로 지목된 이유는 당시 고등학교 진학률이 50%에 이르러 인구 분산 효과가 컸고, 규모가 큰 대학보다는 서울 사대문 안에 밀집된 고등학교를 이전하는 게 용이했기 때문이다.

강북의 고등학교, 강남 이전이 시작되다

고교평준화 정책이 시행되기 전까지 서울에는 5대 공립(경기, 서울, 경복, 용산, 경동고)과 5대 사립(중앙, 양정, 배재, 휘문, 보성고)이라 불리는 명문 고등학교가 있었다. 이 가운데 첫손가락에 꼽히는 명문고는 경기고였다. 경기고가 강남 이전의 첫번째 대상으로 지목된 이유는 대한민국 최고의 명문고였기 때문이다.

1972년 10월 28일, 강남 이전계획이 발표되자 경기고는 거세게 반발했다. 재학생과 졸업생은 물론 나라 안팎에서 이전 반대운동이 펼쳐졌다. 서울시는 반발을 무마하기 위해 종로구 화동에 위치한 경기고 교사를 리모델링하여 도서관(정독도서관)으로 사용한다는 타협안을 제시했다. 또한 고교평준화가 시행되기 전인 1973학년도에 입학한 학생들까지는 종로구 화동에서 졸업할 수 있도록 배려했다. 그런 다음 1976년 2월 20일 강남구 삼성동 74번지로 옮겨갔다.

두 번째로 지목된 학교는 휘문고였다. 사립인 휘문고가 이전하게 된 이유는 강남구 대치동에 위치한 재단 소유의 땅이 개발제한구역으로 묶여 있었기 때문이다. 대치동 부지를 개발할 수 없게 되자 휘문고 재단은 종로구 원서동 소재의 학교 부지를 팔고 강남으로 이전하는 것이 이익이라 판단했다. 서울시 주선으로 기존 학교 부지를 11억 원에 현대건설에 매각한 휘문고는 1978년 1월 강남구 대치동으로 이전했다.

세 번째 이전 대상은 서울고였다. 이전 계획이 발표되자 서울고 학생들은 거리로 쏟아져 나와 가두시위를 벌일 정도로 반발이 거셌다. 동문들 또한 조직적으로 이전 반대운동을 펼쳐 3,000여 명이 서명한 '모교 강남이전 취소건의서'를 청와대, 서울시장, 서울교육감 앞으로 보낼 정도였다. 그러나 유신체제 아래 학교이전 방침철회는 있을 수 없었다. 서울고는 이전을 받아들이는 대신 유리한 조건을 관철시켰다. 재학생과 동문들의 거센 반발을 지렛대로 서울고는 애초 관악구 신림동 남부경찰서 부근으로 확정고시된 예정 부지를 변경, 1980년 6월 서초구 서초동 1526번지로 이전하였다.

경기고를 시작으로 진명여고에 이르기까지 강남으로 이전한 고등학교는 모두 19개 학교다. 이 가운데 16개 학교는 강남 4구(서초, 강

이전하기 전 경기고등학교 서울 도심 고등학교 이전 방침에 따라 종로구 화동 소재의 경기고등학교는 1976년 2월 20일 강남구 삼성동 74번지로 이전하였다. 서울도서관 3층 전시실 사진을 촬영했다. ⓒ 전상봉

새로 둥지를 튼 휘문고등학교 1972년 10월 28일 문교부가 발표한 서울 도심 고등학교의 강남 이전 방침에 따라 휘문고등학교는 종로구 원서동 소재 부지를 팔고, 강남구 대치동으로 이전하였다. ⓒ 전상봉

남, 송파, 강동구)로, 양정고와 진명여고는 양천구 목동으로, 마포고는 강서구 등촌동으로 이전했다. 주목할 것은 학교 이전이 추진되던 1970년대 중후반 학급과밀 문제가 심각했던 지역은 강남구가 아니라 영등포구, 관악구, 강서구였다는 사실이다. 당시 강남구는 고등학교 입학생이 부족하여 인접지역 학생들을 받아들여야 하는 상황이었다. 이에 반해 영등포구와 관악구, 강서구는 학교가 부족하여 이곳 학생들은 인근지역 학교를 다녀야 하는 처지였다. 이 같은 사례를 보더라도 강북 고등학교의 강남 이전은 교육 목적이 아닌 강남 개발의 수단이었음을 알 수 있다.

아파트 분양을 위한 고등학교 이전 사례

강남으로 이전한 학교들 또한 최대한의 실속을 챙기려 했다. 신축 교사는 기본이고, 기존 학교 터보다 넓은 부지를 확보하고 유망한 지역으로 이전하고자 했다. 경기고는 강남구 삼성동 수도산 기슭에 3만 2,000평 부지(애초 예정 부지 2만 3,000평)를 제공받았다. 경기고의 이전 비용은 10억 원으로 당시 고등학교를 새로 짓는 비용보다 2배 많은 금액이었다. 1980년 6월 서초구 서초동 2만 7,000평의 부지로 이전한 서울고는 부지 매입과 교사 신축에 85억 원이 들어갔다. 당시 20% 안팎의 물가 상승률을 고려하더라도 1976년 경기고등학교의 이전 비용 10억원에 비해 엄청나게 많은 금액이다.

숙명여고의 경우 이전 예정지로 강남구 도곡동과 서초구 방배동,

관악구 신림동 등이 거론되었으나 강남구 도곡동 91번지가 확정되어 1981년 3월 이전했다. 배재고는 1979년 이사회 결정에 따라 관악구 신림동 난곡지구로 이전을 추진했으나 예정 부지가 공원 부지로 지정되면서 1984년 2월 강동구 명일동으로 이전했다. 경기여고는 서울시 교육위원회로부터 양천구 목동으로 옮길 것을 권유받았으나 1988년 2월 주공아파트 단지가 조성된 강남구 개포동으로 이전했다.

기존 학교 부지를 매입한 재벌에게도 특혜가 주어졌다. 도심 고등학교의 강남 이전을 서둘렀던 서울시는 매각을 주선하는 브로커 역할을 마다하지 않았다. 현대건설은 서울시 주선으로 종로구 원서동 휘문고 부지와 종로구 신문로2가 서울고 부지를 매입했다. 땅을 사들인 현대건설은 휘문고 터에는 대형 오피스빌딩을, 서울고 터에는 현대그룹 사옥과 호텔을 지을 계획이었다.

유동인구 증가와 교통체증을 유발하는 고층건물의 신축은 도심인구 분산이라는 학교 이전 명분에 반하는 것이었다. 현대건설이 기존 학교 부지에 고층건물을 신축하겠다고 밝히자 비판 여론이 거셌다. 여론을 의식한 서울시는 고층건물의 신축을 제한했고, 규제가 강화되자 부지를 사들인 재벌이 반발했다. 난처한 처지에 놓인 서울시는 기존 학교 터 20~30%를 공원이나 주차장으로 만드는 조건으로 신축을 허가했다. 그리하여 휘문고 터에는 현대건설 사옥과 함께 원서공원이 조성되었다.

서울고가 위치한 종로구 신문로2가 2-1번지는 경희궁 터이다. 이곳에 학교가 자리 잡은 것은 1910년 일제가 경희궁을 헐고 경성중학교 교사를 지으면서다. 서울고가 이전하자 서울시는 이곳 부지를 현

학교 이름	이전 시기	원 주소	이전 주소	설립 연도
경기고	1976. 2	종로구 화동	강남구 삼성동	1900.10. 공립
휘문고	1978. 1.	종로구 원서동	강남구 대치동	1906. 5. 사립
정신여고	1978.12.	종로구 연지동	송파구 잠실동	1887. 6. 사립
수도공고	1979. 3.	마포구 공덕동	강남구 개포동	1924. 3. 사립
숙명여고	1981. 3.	종로구 수송동	강남구 도곡동	1906. 5. 사립
서울고	1980. 6.	종로구 신문로	서초구 서초동	1946. 3. 공립
동북고	1980.12.	중구 장충동	강동구 둔촌동	1953. 6. 사립
한영고	1983. 4.	성동구 마장동	강동구 상일동	1933. 4. 사립
배재고	1984. 2.	중구 정동	강동구 고덕동	1885. 8. 사립
배명고	1984. 2.	중구 신당동	송파구 삼전동	1934.10. 사립
중동고	1984. 3.	종로구 수송동	강남구 일원동	1906. 4. 사립
마포고	1985. 2.	마포구 도화동	강서구 등촌동	1950. 4. 사립
동덕여고	1986. 2.	종로구 창신동	서초구 방배동	1908. 4. 사립
세종고	1987. 2.	성동구 군자동	강남구 수서동	1945. 5. 사립
경기여고	1988. 2.	중구 정동	강남구 개포동	1908. 4. 공립
양정고	1988. 2.	중구 만리동	양천구 목동	1905. 2. 사립
창덕여고	1989. 2.	종로구 재동	송파구 방이동	1941. 4. 공립
보성고	1989. 5.	종로구 혜화동	송파구 방이동	1906. 9. 사립
진명여고	1989. 8.	종로구 창성동	양천구 목동	1905. 3. 사립

강북 고등학교 강남 이전 현황

대건설에 매각하였다. 2만 9,841평에 달하는 서울고 부지의 매각대금은 110억 4,600만 원이었다.

서울고 부지를 사들인 현대건설은 이곳에 28층 높이의 현대그룹 사옥을 짓겠다고 밝혔다. 이 소식이 전해지자 반대 여론이 들끓었다. 서울시는 비등하는 여론에 떠밀려 1980년 9월 서울고 터를 사적으로

올림픽선수기자촌아파트 1989년 송파구 방이동으로 이전한 보성고와 창덕여고는 올림픽
선수기자촌아파트 분양을 촉진하기 위해 학교를 이곳으로 이전하였다. ⓒ 전상봉

지정하고 공원화하겠다고 발표했다. 1986년 2월 서울시와 현대건설
은 서울고 부지를 498억 8,700만원으로 감정하여 지하철 2호선 강변
역 부근의 택지 5만 621평과 맞바꾸었다. 등가교환으로 대토하였기
때문에 현대건설은 세금 한 푼 내지 않고 2배에 이르는 택지를 확보
할 수 있었다. 반면 서울시는 한 치 앞을 내다보지 못한 주먹구구식
행정으로 388억 4,100만 원이라는 막대한 손해를 입고 말았다.

양정고와 진명여고는 목동신시가지의 조성을 위해 양천구 목동으
로 이전했다. 목동신시가지 아파트는 전두환 정권의 주택 500만 호
건설사업의 일환으로 추진되었다. 아시안게임과 서울올림픽을 앞두
고 있던 1980년대 중반, 서울시는 김포공항 주변 정비를 위해 목동
개발을 서둘렀다. 이대부속병원을 이곳에 유치하고 목동종합운동장

을 건설하는 한편, 양정고와 진명여고를 목동아파트 단지 안에 신축하였다.

아파트 분양을 위한 극단적인 이전 사례는 보성고와 창덕여고의 경우이다. 서울시는 1988년 6월 준공된 122개 동 5,539세대의 올림픽선수기자촌아파트를 분양하기 위해 보성고와 창덕여고를 이곳으로 이전키로 했다. 서울시는 올림픽선수기자촌아파트를 분양하면서 거주 기간에 상관없이 보성고등학교에 입학할 수 있다고 선전하였다. 당시 8학군(강남구, 강동구)은 위장전입이 횡행할 정도로 입주자가 몰려들었다. 서울시 교육위원회는 8학군 소재 고등학교의 입학 자격을 거주기간 순으로 배정하였다. 8학군 고등학교 입학 기준인 거주기간 원칙이 무너질 경우 엄청난 혼란이 예상되었다. 결국 거주기간에 상관없이 보성고에 입학할 수 있다는 서울시의 약속은 지켜질 수 없었다.

• 참고 문헌 •

- 권보드래 외, 《1970 박정희 모더니즘》, 천년의상상, 2015년
- 서울특별시 시사편찬위원회, 《사대문 안 학교들 강남으로 가다》, 2012년
- 손정목, 《서울 도시계획 이야기》 1·3·4, 한울, 2003년
- 오제연, '1976년 경기고등학교 이전과 강남 8학군의 탄생', 《역사비평》 2015년 겨울호

4

압구정동 현대아파트
특혜분양사건

1974년 6월 19일 반포주공아파트(반포1단지, 구반포)가 완공되었다. 동작대교 남단 한강변을 매립하여 조성한 16만 7,000평(55만여㎡)의 부지에 반포1단지가 건설되면서 강남 개발의 서막이 열렸다. 242억 원이 투입된 반포1단지는 초대형 아파트 단지로 당시로서는 중대형 평수인 22평형, 32평형, 42평형, 64평형으로 구성되었고, 중앙난방과 복층형이 처음 도입되었다.

복층으로 설계된 64평형의 경우 1, 3, 5층에만 현관이 있었고 내부 계단을 통해 2, 4, 6층을 오르내릴 수 있도록 지어졌다. 아래층에는 부부침실과 식당을 겸한 13평 넓이의 거실과 손님을 위해 화장실이 따로 배치되었고, 부엌 옆에는 가정부 방이 있었다. 위층에는 서재와 가족실, 아동전용 욕실이 있는 구조였다. 단지 앞쪽으로는 상가(238개 점포 입주)가 들어섰고, 걸어서 10분 거리 안에 유치원, 동사무소, 전화국, 은행, 학교가 자리를 잡았다.

대한주택공사가 처음으로 건설한 대단지 주공아파트인 반포주공아파트 모두 99개 동이 지어진 반포주공아파트는 주변 아파트의 노후화에 따라 2017년 9월 27일 반포주공1단지 조합원들이 총회를 열고 재건축 시공사로 현대건설을 선정했다. 1978년 5월 20일 촬영 ⓒ 서울역사박물관 디지털 아카이브

반포1단지는 높은 인기를 끌었다. 반포1단지의 일부인 반포 차관 아파트의 경우 1,490가구 모집에 수천 명이 몰려 경쟁률이 5.6대 1로 치솟았다. 무주택자를 대상으로 분양된 22평형(72㎡)의 경우 집을 가진 사람들이 친인척 이름을 빌려 응모할 정도로 편법과 불법이 성행했다. 집이 있는데도 동사무소 직원에게 뒷돈을 주고 전월세를 사는 것으로 서류를 꾸며 당첨된 사람들이 있는가 하면, 웃돈을 받고 입주권을 팔아버린 사람들이 적발되기도 했다. 그렇게 편법과 불법이 횡행하는 가운데 강남 개발이 본격화되었다.

아파트 지구의 탄생

강북 인구를 분산하기 위해 골몰하던 서울시는 아파트 지구를 고안해냈다. 1975년 8월 서울시는 건설부 도시계획과에 아파트지구제도 신설을 요청하는 한편, 영동지구 반포동과 잠원동일대 262만㎡(79만 3,936평)와 잠실지구 67만 6천㎡(20만 4,848평)를 아파트 지구로 가지정하고 개인 건물의 신축을 불허했다.

1976년 1월 28일 아파트지구제도가 신설(대통령령 제7963호)되었다. 아파트 지구로 지정될 경우 아파트 말고는 다른 건물을 지을 수 없었고, 토지는 아파트 건설업체에게만 매각이 가능했다. 영동지구는 본디 논밭이 대부분이었기 때문에 작은 땅을 소유한 사람들이 많았다. 구획정리사업이 진행되면서 필지는 더 작게 나누어져 100평, 200평 정도의 땅을 가진 지주들이 늘어났다. 이 때문에 영동지구에는 대규모 아파트 단지를 건설할 부지 확보가 쉽지 않았다. 아파트 지구는 이 같은 현실을 타개하기 위한 방안으로 군소 지주들에게는 재산권을 제약하는 초법적인 족쇄인 데 반해 건설사들에게는 엄청난 특혜를 제공하는 근거였다.

1976년 8월 21일 건설부가 지정한 아파트 지구는 모두 11곳으로 영동지구에는 반포, 압구정, 청담, 도곡지구가 지정되었다. 네 지구의 면적은 반포지구 550만 8,000㎡(167만 평), 압구정지구 119만 1,000㎡(36만 평), 청담지구 36만 7,000㎡(11만 평), 도곡지구 72만 8,000㎡(22만 평)였다. 이들 지구를 합친 면적은 779만 4,000㎡(236만 평)로 영동지구 전체 면적의 4분의 1에 해당하는 넓이였다.

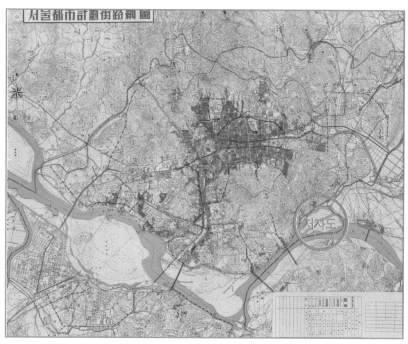

서울도시계획가로망도 서울도시계획가로망도는 1953년 서울시에서 간행한 1:15,000 축척의 도
시계획 지도이다. 지도에 표시된 저자도는 현대건설이 압구정지구 매립을 위해 준설하면서 사
라졌다. ⓒ 서울역사박물관 디지털 아카이브

　　건설부와 서울시는 아파트 지구 지정과 함께 법적, 행정적 지원은
물론 금융지원까지 아끼지 않았다. 이런 지원에 힘입어 우후죽순처
럼 아파트 단지들이 건설되었다. 반포주공아파트(구반포)를 시작으
로 반포동일대에는 한신아파트(126개 동, 1만 1,429가구), 대림아파트
(7개 동, 632가구), 한양아파트(4개 동, 367가구), 경남아파트(10개 동,
1,056가구), 우성아파트(4개 동 408가구) 들이 건설되면서 신반포라는
거대한 아파트 단지가 만들어졌다.

1970년대 베트남 전쟁과 중동건설 특수 속에 400억 달러가 넘는 외화가 유입되었고, 1인당 국민소득은 1977년 1000달러를 돌파했다. 한국 경제가 고도성장을 구가하는 가운데 아파트는 중산층을 위한 주거시설로 각광받기 시작했다. 단독주택과 달리 아파트는 최소한의 부지에 적게는 수백 가구, 많게는 수천 가구의 물량 공급이 가능했고, 정부로서도 아파트 지구를 지정하여 도로만 건설해 주면 건설사들이 알아서 녹지대와 놀이터, 주차장과 소방시설 등을 만들었기 때문에 효율적인 도시 기반시설을 확보하는 방법이었다.

1970~1980년 사이 서울시에는 총 21만 3,947가구의 아파트가 지어졌다. 강남에 건설된 아파트는 서울시 전체 건설물량의 58%에 해당하는 12만 3,435가구였다. 이중 강남구(서초구 포함)에는 6만 4,458가구, 강동구(송파구 포함)에는 5만 8,979가구가 건설되었다.

강남을 시작으로 대한민국이 아파트공화국으로 탈바꿈하는 가운데 건설사들은 땅 짚고 헤엄치듯 손쉽게 덩치를 키워갔다. 건설사가 아파트 신축허가를 받아 분양을 시작하면 사람들이 우르르 몰려들었고, 높은 경쟁률 속에 분양이 이루어지면 계약금이 입금되었다. 계약금으로 건설사가 기초공사를 마치고 층수가 올라가기 시작하면 몇 차례에 걸쳐 중도금이 입금되었다. 그리고 아파트가 완공되면 입주와 함께 잔금이 들어왔다. 아파트 건설사는 이 같은 실적을 담보로 은행에서 융자를 받아 새로운 아파트를 지었다. 현대건설은 압구정동에 아파트를 지으면서 입지를 다졌고, 보일러를 생산하던 한신공영과 보도블럭을 찍어 팔던 우성건설은 아파트 건설을 통해 손꼽히는 건설사로 탈바꿈했다.

압구정동 현대아파트 현대건설은 1975년 3월 압구정지구에 아파트 공사를 시작하여 1977년까지 23개 동 1,562가구 아파트를 완공하였다. 이후 1987년 14차 아파트에 이르기까지 부지 15만 평에 총 6,279가구가 입주한 대규모 아파트 단지가 조성되었다. 1978년 10월 17일 촬영. ⓒ 서울역사박물관 디지털 아카이브

대량 아파트가 건설되면서 주거생활도 변화가 일어났다. 1979년 12월 강남구 대치동에 도시가스 공장이 완공되어 1차로 10만 가구에 공급을 시작했고, 중앙난방식 보일러와 도시가스 공급으로 연탄을 쌓아두던 실내 공간이 사라졌다. 세탁기를 비롯한 가전제품이 보급되면서 '식모'라 불리던 입주 가정부가 사라지고 시간제 파출부가 일반화되면서 에어로빅 강습소, 서예교실, 운전교습소가 주부들로 붐볐다.

이즈음 아파트는 부동산투기의 주된 대상이 되었다. 경제성장에 따른 여유자금이 부동산 시장으로 유입되면서 아파트 가격에 프리미엄이 붙었고, 땅값이 덩달아 뛰었다. 1976년 26%였던 전국의 평균지가

변동률은 1977년 34%, 1978년 49%로 가파르게 올랐다. 서울 땅값은 1978년에만 135.7% 폭등했다. 이렇게 되자 정부는 1978년 8월 8일 양도세 과세 강화와 토지거래 허가제 도입, 기준지가 고시, 부동산 거래용 인감증명제도 시행, 비업무용 토지에 대한 공한지세 부과 등을 내용으로 하는 '부동산투기 억제 및 지가 안정을 위한 종합대책'(8.8 조치)을 발표하였다.

압구정동 현대아파트 특혜분양사건

> 한강대교 남단에서 영등포 입구에 이르는 너비 20m, 길이 3,720m의 제방도로가 착공된 것은 1967년 3월 17일이었고 그해 9월 23일에 준공되었다.…… 그런데 이 제방도로는 희한한 것을 낳았다. 즉 새로 생기는 제방도로와 기존의 제방 사이에 2만 4,000평이라는 새로운 택지가 생긴 것이다. 한강에 제방을 새로 쌓거나 제방을 안으로 들여쌓으면 대량의 택지가 조성된다는 사실, 즉 한강 연안이 황금의 알을 낳은 거위라는 사실이 김현옥 시장에게 한강개발3개년계획, 여의도 윤중제 공사를 결심하게 했다. ─ 손정목, 《서울 도시계획 이야기》 3, 186쪽

한강변 모래톱을 매립하여 택지를 조성하는 사업은 이렇게 시작되었다. 한강개발사업을 시작으로 대대적인 공유수면 매립공사가 진행되어 반포지구, 압구정지구, 잠실지구 등의 부지가 조성되었다. 이렇게 만들어진 부지에는 어김없이 대규모 아파트 단지가 들어섰다.

공유수면 매립사업은 비리의 복마전이었다. 매립 허가만 받으면 제방과 도로 용지를 뺀 나머지 땅을 통째로 확보할 수 있었고, 매립부지는 공기업이나 정부투자기관에 매도하거나 아파트를 지어 엄청난 이익을 남겼다. 매립 면허를 따내기 위해 공기업과 건설사는 물론 예비역 장성과 종교단체가 혈안이 되었고, 박정희 정권은 인허가권을 미끼로 정치자금을 거둬들였다.

현대건설이 추진한 압구정 인근 공유수면 매립공사는 1972년 2월에 완료되었다. 이렇게 만든 매립부지는 4만 8,072평이었고, 현대건설은 도로용지와 제방용지를 뺀 4만 3,000평을 택지로 확보하였다.

압구정지구는 제3한강교와 경부고속도로에 인접한 강남의 노른자위 땅이었다. 현대건설은 1975년 3월 이곳에 아파트 공사를 시작하여 1977년까지 23개 동 1,562가구의 아파트를 완공하였다. 이후 1987년 14차 아파트에 이르기까지 15만 평 부지에 총 6,279가구가 입주한 대규모 아파트 단지가 조성되었다. 이 가운데 1~3차 아파트는 현대건설이 지었고, 4~14차 아파트는 현대건설이 주택사업부를 확대하여 설립한 한국도시개발(현대산업개발)이 시공하였다.

압구정동 현대아파트는 완공과 동시에 높은 인기를 끌었다. 당시 아파트 대부분이 20~30평형인 데 비해 압구정동 현대아파트는 대형 평수(40~80평)로 지어졌다. 부동산투기 열풍 속에 현대아파트는 명품 아파트로 소문이 자자했다.

1977년 10월 압구정동 현대아파트 특혜분양사건이 발생한다. 당시 한국도시개발은 1,512가구의 아파트를 건설하여 952가구는 무주택 사원에게 분양하고 나머지 560가구는 시민들에게 분양하는 조건으로 허가를 받았다. 그런데 한국도시개발은 아파트 분양권에 높은 프리미엄이 붙으며 인기를 끌자 무주택 사원에게 분양해야 할 952가구 중 291가구만 분양하고 나머지 661가구를 고위 공직자, 국회의원, 기업인, 언론인, 현대그룹 임원들에게 불법적으로 분양하였다.

특혜분양의 전모가 드러나기 시작한 것은 1978년 6월 30일이다. 청와대 사정특별보좌관실에서 특혜분양을 받은 600여 명의 명단을 검찰에 통보하였다. 1978년 7월 4일에는 특혜분양을 받은 고급 공무원, 장성, 언론인 등 259명의 명단이 언론에 공개되었다. 명단에는 공직자 190명, 국회의원 6명, 언론인 34명, 법조인 7명, 예비역 장성 6명이 포함되어 있었다. 서울지검 특수부는 7월 14일 뇌물수수 혐의로 정몽구 한국도시개발 사장, 곽후섭 서울시 부시장, 주택은행 임원 등 5명을 구속하는 것으로 사건을 일단락지었다.

압구정동은 똥이다

특혜분양사건 이후 압구정동 현대아파트는 질시와 선망의 대상이 되었다. 국민들의 눈에는 강남의 특권을 상징하는 장소였고, 언젠가 도달해야 할 신분 상승의 종착역으로 비춰졌다. 현대아파트 입주민들의 자부심 또한 대단했다. 시공사인 현대산업개발이 자사 브랜드인 아이파크(I-PARK)로 이름을 바꿔주겠다고 제안하자 단박에 거절해 버릴 정도였다. 그런 반면 2014년 10월 7일에는 압구정동 신현대아파트 경비원이 입주민의 폭언과 인격 모독에 견디다 못해 분신 사망한 갑질의 현장이기도 했다.

그래서일까. 어느 건축가와 풍수학자는 압구정동을 대한민국 수도 서울이 싸놓은 똥으로 해석한다.

청담동이 위치하는 지역을 서울 지도 속에서 자세히 살펴보면 두 가지의 상식적인 사실을 확인하게 된다. 하나는 그것이 강남에서 약간 동쪽으로 치우쳤지만 강남의 중심에 위치한다는 점이고, 또 다른 하나는 — 그것이 우연의 현상이긴 하지만 — 서울을 관통하는 한강의 굽이친 모양이 W자의 형상에서 '가운데 밑' 부분에 해당한다는 점이다. 속되게 말해서 생식과 배설을 상징하는 부분으로 보인다. 항문과 음부야말로 인체에서 대단히 중요한 기관임을 재언할 필요는 없다. 다만 이 지역이 서울이라는 도시 속에서 인체에서와 같이 그 역할을 충실히 해내고 있는 것일까 하는 점을 반문해 보게 된다. — 정기용,《서울이야기》, 47쪽

땅을 사람으로 비유하자면 청계동천이니 옥류동천이니 하는 발원지가 입이며 뚝섬 근처가 항문이라는 것이다. 그리고 강 건너 압구정동은 항문에서 나오는 변을 받는 변기란다. 최창조 전 교수는 '똥은 불결하지만 가치가 있다'며 '이런 입장에서 압구정동을 봐야 한다'고 말했다. 욕망의 배출구라는 것이다. 그는 '한때 압구정동은 사람들이 천민자본주의의 백화점으로 경멸하던 곳'이라며 '그러나 지금은 아무도 그렇게 욕하는 사람이 없다'고 말했다.

— 안혜리 외, '강남의 명당 아파트를 공개합니다', 중앙일보 〈江南通新〉 7호, 2013년 4월 3일

압구정동은 강남발 부동산 불패신화를 상징하는 공간이다. 압구
정동 현대아파트 특혜분양사건은 부동산 불패신화의 시작을 알린 신
호탄이었다. 1970년대 실질임금이 2배 상승하는 동안 전국 땅값은
15배 올랐고, 강남 땅값은 200배 폭등하면서 전 국토는 투기장으로
바뀌었다. '싸우면서 건설하자', '하면 된다'는 박정희 개발독재의 구
호 속에 수단과 방법을 가리지 않고 돈만 벌면 된다는 그릇된 욕망이
온 나라를 뒤덮기 시작한 것이다. 이로써 정직하게 돈을 벌어 저축하
는 사람과 부동산에 투기하여 부를 축적하는 사람의 간격은 비할 바
없이 커졌고, 사회 정의는 설 자리를 잃게 되었다.

• 참고 문헌 •

- 강준만, 《강남, 낯선 대한민국의 자화상》, 인물과사상사, 2006년
- 김시연, '분당 〈파크뷰〉와 압구정동 〈현대아파트〉는 닮은꼴', 오마이뉴스, 2002년
  5월 13일
- 발레리 줄레조, 《아파트 공화국》, 후마니타스, 2007년
- 손정목, 《서울도시계획 이야기》1 · 3, 한울, 2003년
- 손정목, 《한국 도시 60년의 이야기》1 · 2, 한울, 2005년
- 장종림 박진희, 《대한민국 아파트 발굴사》, 효형출판, 2009년
- 장박원 이유진, '강남아파트 시대의 서막을 열다, 반포아파트', 매일경제, 2009년
  7월 6일
- 전강수, '1970년대 박정희 정권의 강남개발', 《역사문제연구》 제28호, 2012년 10월
- 정기용, 《서울이야기》, 현실문화, 2008년

압구정동의 유래

압구정동의 이름은 조선 세조 때 권신 한명회(韓明澮, 1415~1487)가 지은 압구정(狎鷗亭)에서 유래한다. 한명회는 송나라의 재상을 지낸 한기(韓琦)가 정계에서 물러나 서재 이름을 압구정이라 했던 고사를 본떠 자신의 호를 압구(狎鷗)라 하고, 압구정을 지었다.

조선시대 압구정이 위치한 한강변에는 압구정나루가 있었다. 압구정나루 건너편에는 무수막나루가 있었는데 무수막이라는 지명은 선철을 녹여 무쇠솥, 농기구 등을 주조해 시장에 내다팔거나 나라에 바치는 사람들이 모여 살았기 때문에 붙여졌다.

압구정의 흔적은 1970년대 초 현대건설이 택지 조성을 위해 공유수면 매립공사를 시행하면서 사라졌다. 압구정나루와 무수막나루가 있었던

자리에는 동호대교가 건설되었다. 현재 압구정의 흔적은 압구정동이라는 동명과 압구정동 현대아파트 72동과 74동 사이에 세워진 '압구정지'라는 표석으로 남아 있다.

압구정지 표석 압구정동의 이름은 계유정난을 주도한 한명회가 세운 압구정에서 유래했다. ⓒ 전상봉

3장

88서울올림픽과
강남 개발

1

88서울올림픽과 강남 개발

1979년 10월 8일 오전 10시 세종문화회관 대회의실에서 기자회견이 열렸다. 내외신 기자 100여 명이 참석한 가운데 서울시장 정상천은 1988년 하계올림픽을 서울에 유치하겠다고 발표했다. 1970년 제6회 아시안게임 개최권을 반납했던 기억이 생생했던 상황에서 올림픽을 유치할 수 있을 것이라고 믿는 사람은 많지 않았다.

그럼에도 대통령 박정희에게 올림픽 유치 신청은 여러모로 매력적인 카드였다. 무엇보다 유신독재에 염증을 느끼고 돌아선 민심을 호도하는 데 더없이 좋은 구실이었다. 나라 밖으로는 냉전체제에서 남한이 북한보다 우월하다고 선전하기에 안성맞춤 이벤트였다.

문제는 당시 정치상황이 올림픽 유치 선언으로 수습될 만큼 한가하지 않았다는 점이다. 유신체제는 돌이킬 수 없는 파국 상태에 놓여 있었고, 그 종말을 알리는 부마항쟁이 그해 10월 15일 촉발되었다. 박정희는 민주화 시위를 진압하기 위해 10월 18일 새벽 0시를 기해 부산 일원에 비상계엄을 선포하고, 경남 마산과 창원에는 위수령을 내렸다. 그리고 10월 26일 유신체제의 최후를 알리는 총성이 궁정동 안가에 울려 퍼졌고, 올림픽 유치 활동은 중단될 수밖에 없었다.

88서울올림픽이 유치되기까지

12·12쿠데타로 정권을 장악한 전두환 신군부는 올림픽 유치에 신경 쓸 여력이 없었다. 그러나 이러한 분위기는 1980년 7월 14일 대한체육회(KOC) 회장에 조상호가 취임하면서 바뀌기 시작했다. 적극적인 올림픽 유치론자였던 조상호는 유치신청마감(1980.11.30)을 앞두고 분주하게 움직였다.

유치 신청에 가장 큰 장애는 신청도시인 서울시 사정이 올림픽을 치를 만큼 여유롭지 않았다는 사실이다. 올림픽을 치르려면 2조 원이 넘는 엄청난 예산이 필요했다. 당시 서울시 주택 보급율은 60% 정도였고, 지하철 2호선 공사는 착공한 지 얼마 지나지 않은 때였다. 출퇴근 시간이면 교통체증으로 서울 도심은 몸살을 앓았고, 생활하수와 공단폐수 유입으로 한강은 악취가 풍겼다.

사정이 이렇다 보니 서울시로서는 올림픽 유치에 시큰둥할 수밖에 없었다. 신청마감을 사흘 앞둔 1980년 11월 27일 서울시는 "당면한 경제적 재정적 여건을 감안할 때 올림픽이 개최될 시기까지는 필요한 제반시설을 도저히 구비할 수 없을 것으로 판단되므로 1988년 제24회 올림픽을 유치할 수 없음"을 KOC와 문교부에 통보하였다.

상황은 올림픽을 개최해야 한다는 KOC 주장과 현실적인 여건 때문에 개최가 어렵다는 서울시 입장으로 갈렸다. 이런 가운데 1980년 11월 29일 문교부 장관 이규호는 KOC와 서울시 입장을 정리한 행정 보고서를 작성하여 대통령 전두환에게 보고했다.

전임 박정희 대통령이 결심한 사안을 특별한 이유 없이 변경할 수 없을 뿐 아니라 이 역사적인 사업을 추진해 보지도 않고 처음부터 패배의식 속에서 물러서서는 안 된다.

— 서울특별시,《제24회 서울올림픽백서》, 283쪽

전두환의 이 말 한마디로 서울시는 1988년 하계올림픽 유치를 결정했다. KOC와 서울시는 12월 2일 국제올림픽위원회(IOC)에 1988년 하계올림픽 유치신청서를 제출했다. 신청서 제출과 함께 치열한 유치전이 펼쳐지기 시작했다. 그리고 마침내 운명의 날이 밝았다. 1981년 9월 30일 독일 바덴바덴에서 열린 제84차 IOC 총회에서 서울시는 초반 열세를 극복하면서 52 대 27로 일본의 나고야를 물리치고 개최지로 선정되었다.

88서울올림픽을 서울시가 유치하게 되자 1986년 아시안게임의 서울 개최도 기정사실로 되었다. 1981년 11월 26일 인도 뉴델리에서 열린 아시아경기연맹(AGF) 총회에서 북한의 평양과 이라크의 바그다드가 유치를 포기하면서 표결 없이 서울시가 개최지로 확정되었다.

잠실종합운동장 전경 1977년 12월 20일 공사를 시작한 잠실종합운동장은 잠실매립지구 33만㎡(10만 평)
부지에 실내체육관, 실내수영장, 야구장이 준공된 데 이어 10만 명을 수용할 수 있는 주경기장이 1984년
9월 29일 완공되었다. ⓒ 서울역사편찬원《시민을 위한 서울역사 2000년》

경기장 건설과 도심 정비사업

올림픽과 아시안게임을 유치하게 되자 대회를 치를 경기장 건설이
무엇보다 시급했다. 잠실종합운동장의 경우 박정희의 지시에 따라 잠
실매립지구 33만㎡(10만 평) 부지에 1977년 12월 20일 기공식을 갖고
한창 공사중이었다. 1979년 4월 18일 실내체육관을 시작으로 실내수
영장(1980. 12. 30), 야구장(1982. 7. 15)이 차례로 준공되었다. 10만 명을
수용할 수 있는 주경기장은 착공 8년 만인 1984년 9월 29일 완공되었

한성백제기에 축성한 몽촌토성 송파구 방이동 소재 몽촌토성(사적 제297호)은 남한산에서
뻗어 내린 타원형 자연지형을 이용하여 구릉이 낮거나 끊긴 부분을 토성으로 축성했다.
서울올림픽을 유치한 전두환 정권은 몽촌토성일대 50만 평 부지에 올림픽공원을 조성하
였다. ⓒ 문화재청

다. 잠실종합운동장 건설비는 1,025억 원으로 서울시 예산 806억 원
과 국고 보조금 219억 원으로 충당되었다.

  몽촌토성이 위치한 송파구 방이동에 소재한 부지 50만 평에는 올
림픽공원이 조성되었다. 1986년 6월 30일 완공된 올림픽공원에는
자전거경기장, 펜싱경기장, 체조경기장, 테니스경기장, 수영경기장
이 지어졌다. 또한 몽촌토성이 복원된 것을 비롯하여 한국체육대학
캠퍼스가 조성되었고 올림픽회관, 평화의 문 등 부대시설이 건설되
었다. 올림픽공원을 짓는 데 투입된 예산은 1,581억 원으로 서울시

가 617억 7,000만 원, 올림픽조직위원회가 963억 7,000만 원을 부담하였다.

경기장 건설과 함께 한강종합개발사업이 역점사업으로 추진되었다. 당시 한강은 생활하수와 공장폐수 유입으로 악취가 진동하고 강 군데군데에 크고 작은 진흙더미가 쌓여 잡초가 무성했다. 한강종합개발사업은 "서울지역 내 한강 골재와 고수부지를 활용하는 방안을 검토하라"는 전두환의 지시에 따라 1982년 9월 28일 여의도 둔치에서 기공식과 함께 착공되었다. 한강종합개발사업의 주요내용은 저수로의 정비, 분류하수관로 건설, 하수처리장 건설, 콘크리트 호안 건설, 수중보(신곡 수중보, 잠실 수중보) 건설, 한강시민공원 조성 들이었다.

4,198억 원이 투입된 한강종합개발사업은 1986년 9월 10일에 완공되었다. 한강의 수질개선을 위해 54.6km에 달하는 대형 분류 하수관로가 설치되고 중랑천, 안양천, 홍제천, 탄천에 하수처리장이 건설되었다. 한강변 둔치에는 체육공원 9개 소(약 210만 평)가 만들어졌고, 77개 지하보도와 자동차 진입로가 설치되었다. 한강 남쪽연안으로는 김포공항에서 올림픽경기장을 잇는 올림픽대로가 건설되었다.

한강종합개발사업으로 수질개선과 함께 경관이 정비되고 시민들의 휴식공간이 확보되었다. 그러나 간과할 수 없는 사실은 이 사업으로 인해 한강은 자연하천의 기능과 모습을 잃어버린 거대한 콘크리트 수로가 되고 말았다.

전두환 정권은 한강종합개발사업이 완료되자 유람선을 띄우고 마치 대한민국이 지상낙원인 양 선전하였다. 한강종합개발사업이 한

석촌동고분군과 롯데월드타워 88서울올림픽을 앞두고 문화재 정비와 복원사업이 추진되어 한성백제시기의 석촌동고분군, 방이동고분군, 몽촌토성 유적이 발굴 정비되었다. 송파구 석촌동 소재 3호분 뒤로 공사중인 롯데월드타워 모습이 보인다. 2014년 9월 6일 촬영. ⓒ 전상봉

창이던 1983년 사회정화위원회는 '국민들에게 주인의식을 고취시키자'는 의도 아래 KBS와 함께 건전가요를 수록한 옴니버스 앨범을 제작하였다. '즐거운 우리들의 노래'라는 부제를 달고 그해 여름 발매된 건전가요 모음집 타이틀곡은 가수 정수라가 부른 〈아, 대한민국〉이었다.

아시안게임과 서울올림픽에 참가하는 외국인들을 의식한 도시미관 정비사업도 병행되었다. 서울 도심의 태평로, 종로, 을지로, 마포로, 한강로 등 주요 간선도로변 42개 지구와 도심지역(종로구, 중구)

53개 지구 등 모두 95개 지구(43만 7,455㎡)가 재개발 촉진지구로 지정되었다. 또한 김포공항 근처인 양천구 목동과 신정동일대 140만 평을 재개발하면서 대대적인 철거가 진행되었다.

한편 문화재 정비와 복원사업이 추진되어 한성백제 유적인 몽촌토성, 석촌동고분군, 방이동고분군과 암사동 신석기유적이 발굴 정비되었다. 1910년 일제가 경성중학교를 짓기 위해 헐어버린 경희궁이 재건되었고, 종묘와 사직단이 새롭게 단장되었다.

그밖에도 선수촌과 기자촌이 건설되었고, 잠실종합운동장 인근에 아시아공원이 만들어졌다. 가락동구획정리사업과 농수산물 도매시장이 건설되었고, 용산 전자상가가 신축되어 종로3가 전자상가들이 이곳으로 이주하였다. 교통난 해소를 위해 지하철 3·4호선이 착공되는 한편, 가로 주차장 확충과 도시환경 정비사업이 추진되면서 서울은 공사판으로 변했다.

86 · 88이라는 통치이데올로기

전두환 정권은 86아시안게임과 88서울올림픽을 통치이데올로기로 활용하였다. 광주학살에 대한 기억을 지우는 일에서부터 노동자와 도시빈민을 탄압하는 데 이르기까지 86아시안게임과 88서울올림픽은 전가의 보도였다. 시인 김용택이 1985년 10월 부정기간행물로 복간된 《창작과비평》에 발표한 〈팔유팔파〉라는 시에는 당시 상황이 이렇게 묘사하고 있다.

애야팔유팔파오림픽이열리며는우리덜은뭐시그리좋다냐소값이나쌀값
이나객지에서노동일허는니동생임금이라도올라간다냐그러고우리덜은
귀경시켜준다냐글쎄요어무니그때까장우리가여기서복통농사짓고살며
는객광오광시럽지요모르긴몰라도아마오림픽성금은낼거요그러면뭣이
그리저리도좋을까잉. 그나저나팔유팔파오림픽이열리며는그누구의말
대로거시기뭣이냐민족사의왼갖질곡과시련을극복하여그종지부를꽉찍
을까그럴까우리하늘이저쪽끝에서저쪽끝까지훤하게갤까.

— 김용택, '팔유팔파', 《창작과비평》 통권 57호, 152~153쪽

한마디로 1980년대는 아시안게임과 올림픽을 개최하여 대한민국
이 선진국으로 진입할 것이라는 환상이 주입되던 시대였다. 전두환
정권은 86·88이라는 희망 고문과 함께 3S 정책(screen, sport, sex)이
라는 우민화 정책을 병행했다. 전두환 신군부는 컬라TV 방송을 시행
하고, 중고교생 두발 자유화와 교복 자율화, 야간통행금지를 해제했
다. 프로야구와 프로축구를 출범시켰고, 에로영화에 대한 검열을 완
화하여 국민들이 현실을 외면하도록 조장하였다.

이런 가운데 아시안게임과 올림픽의 성공적 개최를 이유로 노점이
철거되고, 달동네가 뜯겨지면서 도시빈민은 길거리로 내몰렸다. 대
한민국의 관문인 김포공항과 올림픽대로가 지나는 국회대로 주변의
판자촌이 철거된 것도 이즈음이었다. 사격 경기가 열리는 태릉국제
사격장 인근의 빈민가를 비롯하여 경기도 부천시 원미동과 오정농일
대도 철거 광풍을 피해가지 못했다. 〈상계동 올림픽〉이라는 다큐멘
터리 영화의 배경이 된 노원구 상계동 천막촌 철거는 성화 봉송로 주

변의 환경정비가 이유였다.

　서양인들의 눈을 의식해서 개고기 판매가 금지되어 대로변에서 보신탕집이 자취를 감추었다. 뒷골목으로 밀려난 보신탕집에서는 보신탕 대신 사철탕, 영양탕, 보양탕이라는 낯선 이름의 메뉴로 개고기가 팔리기 시작했다. 도시미관을 해친다는 이유로 부랑자, 노숙인, 정신지체 장애인들이 난데없이 잡혀가 수용시설에 갇혔고, 이런 폭력적인 상황에서 장애인올림픽이 개최되는 블랙코미디가 연출되었다.

　올림픽이 열리는 동안 군복 입은 군인들이 거리를 활보하면 위압적이라 하여 수도권 부대 병사들의 휴가와 외박이 제한되었고, 방위병(현재의 공익근무요원)은 군복 대신 평상복을 입고 출퇴근해야 했다. 서울 시내를 다녀야 하는 군용차량의 경우 얼룩무늬 위장색 위에 파란색이나 황토색으로 다시 위장을 해야 하는 웃지 못할 일이 벌어진 것도 이때였다. 이런 눈물겨운 노력 덕분에 다음과 같은 낯 뜨거운 자화자찬이 가능했던 것이다.

　올림픽 때 서울을 찾은 대부분의 외국인들의 공통된 서울에 대한 인상이 매우 깨끗하다, 꽃이 많고 아름답다, 한강이 아름답고 인상적이다라는 것이었으며 서울은 티끌 하나도 없는 세계에서 가장 깨끗한 도시라는 격찬이 나오기까지 하였다.

　　　　　　— 서울특별시,《제24회 서울올림픽대회 백서》, 1394쪽

　그러나 전두환, 노태우 군사정권 아래 국민들은 1980년 광주학살

의 고통으로 아파해야 했고, 민중들의 삶은 곤고하고 고달팠다. 그런 의미에서 진실이 통제된 상황에서 치러진 86아시안게임과 88올림픽은 잠시 한때 고통을 잊게 해 준 모르핀이었는지도 모른다.

• 참고 문헌 •

- 강준만,《한국 현대사 산책》1980년대편, 인물과사상사, 2003년
- 서울특별시,《제24회 서울올림픽대회 백서》, 서울특별시, 1990년
- 손정목,《서울 도시계획 이야기》3·5, 한울, 2003년
- 손정목,《한국 도시 60년의 이야기》2, 한울, 2005년
- 박해남, '1988 서울올림픽과 시선의 사회정치', 한국사회사학회《사회와 역사》,
  2016년 여름(통권 제110집)
- 홍성태,《서울의 개혁》, 진인진, 2014년

2

잠실, 롯데월드가 되다

재일교포 사업가 신격호(일본 이름 시게미쓰 다케오[重光武雄])가 박정희 정권의 부름을 받아 국내에 진출한 때는 1967년이다. 그해 롯데제과의 설립을 시작으로 롯데그룹은 성장을 거듭하여 재계 5위의 대재벌로 변모했다. 일본 도쿄에 본사를 두고 있는 롯데그룹의 전체 매출액은 90% 이상이 한국에서 발생한다. 그럼에도 국내 롯데그룹의 법적 지위는 일본 롯데홀딩스 산하의 한국지사에 불과하다.

재일교포 애국기업이라는 환대 속에 국내에 진출한 롯데그룹은 지난 반세기에 걸쳐 갖가지 세금 면제를 비롯한 온갖 특혜를 누려왔다. 박정희-전두환-이명박 정권으로 이어진 범정부적 차원의 지원에 힘입어 롯데그룹은 서울 중구 소공동에 거점을 확보하고, 송파구 잠실에 롯데왕국을 건설하여 승승장구할 수 있었다.

롯데백화점이 롯데쇼핑센터로 허가 받은 사연

1970년 10월 서울시는 부정식품 단속반을 편성, 695개 업소와 시중에 유통되는 751개 식품을 수거하여 조사를 벌였다. 조사 결과 141개 업소와 227개 식품에서 문제가 적발되었다. 서울시는 11월 12일 이들 업소와 식품 제조사에 대해 3개월 동안 제조정지명령을 내렸다. 당시 문제가 적발된 227개 식품 중에는 쇳가루와 모랫가루가 검출된 롯데제과의 바브민트 껌과 스피아민트 껌도 포함되어 있었다.

이즈음 외자유치 일환으로 대통령 박정희는 롯데제과 사장 신격호를 국내로 불러들였다. 신격호가 주일대사 이후락과 함께 귀국길에 오른 것은 롯데 껌에서 쇳가루와 모랫가루가 나왔다는 소식이 보도된 11월 13일이었다. 그날 청와대에서 신격호를 만난 박정희는 롯데 껌 파문을 무마해 주면서 소공동에 위치한 반도호텔을 인수하여 호텔을 지으라고 권유했다.

롯데그룹의 본격적인 한국 진출은 이렇게 시작되었다. 롯데 자본을 유치하기 위해 박정희 정권은 전폭적인 지원을 아끼지 않았다. 1973년 5월 경제기획원은 롯데가 호텔 건설을 위해 신청한 외국인투자 및 차관 인가신청서를 승인했다. 국제관광공사 소유의 반도호텔 민영화 방침에 따라 1974년 6월 3일 매각입찰이 실시되었다. 형식적인 공개입찰에 롯데가 단독으로 참여하여 42억 원에 반도호텔을 낙찰받았다.

반도호텔을 낙찰받은 롯데는 인근의 국립중앙도서관을 8억 3,600만 원에 매입(1974. 11. 20)했다. 청와대 지시에 따라 국립중앙도서관은

1938년 4월 일본의 광산업자 노구치 준(野口遵)이 건설한 반도호텔 지하 1층, 지상 8층으로 건설된 반도호텔은 당시 최대 규모였다. 해방 이후 미군사령부 지휘본부로 사용되었던 반도호텔은 자유당 정부시절에는 부통령 이기붕을 비롯한 정치인들이 많이 이용하였다. ⓒ 국가기록원

남산 어린이회관(600평, 지하1층 18층 건물)을 매입, 1974년 12월 이전 개관했다. 여기에 더해 롯데가 반도호텔과 국립중앙도서관 주변의 사유지를 반강제적으로 매입할 수 있도록 서울시는 특정가구 정비지구로 지정하는 특혜를 베풀었다.

1975년 5월 1일 롯데호텔 신축공사가 시작되었다. 롯데호텔이 건설되는 과정에서 파격적인 세제 혜택이 주어졌다. 신격호가 10년 이상 일본에 거주한 재일교포라는 이유로 부동산 취득세와 재산세, 소득세, 법인세가 면제되었다. 호텔 건설에 필요한 물품과 주방용품, 가전용품 등의 수입품에 대한 관세도 면제되어 한 푼도 내지 않았다.

또한 1972년 제정된 '특정지구 개발촉진에 관한 임시조치법'에 근거하여 부동산투기 억제세, 영업세, 등록세 면제가 추가되었다.

박정희 유신정권의 전폭적인 특혜 속에 1979년 3월 10일 롯데호텔이 준공되었다. 처음 33층으로 설계된 롯데호텔은 일본의 게이오플라자호텔(47층, 170m 높이)을 의식해 45층으로 지어야 한다는 의견이 제기되었다. 그러나 청와대 경호실에서 보안상의 문제로 반대하면서 지하 3층, 지상 37층(연면적 11만 2,425m²) 건물로 지어졌다.

롯데백화점(본점)이 건설되는 과정은 탈법과 특혜의 종합세트

소공동에 위치한 롯데백화점과 롯데호텔 1979년 말 완공된 롯데백화점은 서울시의 도심억제정책에 반하는 사업으로 허가를 받을 수 없었다. 서울시는 백화점을 허가해 주기 위해 '롯데백화점'이 아닌 '롯데쇼핑센터'라는 꼼수로 사업을 승인해 주었다. ⓒ 전상봉

라 할 만하다. 애초 롯데백화점은 9층 높이의 호텔 부속건물로 허가되었다. 그러나 1976년 4월 공사가 시작된 다음 25층 높이로 설계가 바뀌었다. 서울시 도시계획국장을 지낸 손정목은 이 같은 설계 변경에 대해 대통령 박정희와 국무총리 김종필, 서울시장 구자춘의 전폭적인 비호와 지원 아래 가능했다고 진술한다.

롯데백화점은 1979년 말 완공되었다. 그런데 문제는 도심 내 백화

점은 서울시의 도심억제 정책에 반하는 사업으로 허가를 받을 수 없었다. 서울시는 백화점을 허가해 주기 위해 '롯데백화점'이 아닌 '롯데쇼핑센터'라는 꼼수를 생각해냈다. 손정목은 서울시장 정상천이 대통령 박정희에게 롯데백화점을 롯데쇼핑센터로 재가받는 상황을 이렇게 증언하고 있다.

> 그동안 강북억제책으로 서울시가 강력히 규제해 온 것은 백화점이었지 쇼핑센터가 아니었으니 롯데백화점을 쇼핑센터라고 한다면 궁색하지만 명분은 세울 수가 있었다. 부랴부랴 '백화점 허가신청'이 '쇼핑센터 허가신청'으로 바뀐다. 그 명칭을 어떻게 붙이든지 간에 도심부에 대형 백화점 설립을 허가하는 데 서울시장 단독으로 결정할 성질의 것이 아니었다. 시장이 청와대로 가서 대통령의 재가를 받았다. 재가가 나자 바로 허가가 났고 즉시로 롯데측에 통보되었다. 1979년 10월 26일이었다.…… 말하자면 롯데쇼핑센터는 박 대통령이 신격호에게 준 마지막 선물이었던 것이다.
>
> ─ 손정목,《서울 도시계획 이야기》2, 278쪽

잠실 롯데월드 건설지

서울 도심에 거점을 확보한 롯데는 강남에 새로운 부지를 물색했다. 롯데가 주목한 곳은 송파구 잠실동 40-1번지. 서울시는 1977년 잠실매립지 36만 8,160평을 매입했다. 부지를 매입한 서울시는 석촌호수 북쪽 4만 7,580평을 "잠실권은 물론 천호, 영동, 성남 주변의 활동 인구 50만 명을 수용할 수 있는 중심센터로 개발"할 목적의 상업지역으로 지정해 두었다.

잠실동 소재 상업지역 2만 7,600평 부지에 대한 입찰이 실시된 것은 1978년 7월 11일이다. 율산실업은 이날 입찰에서 1만 1,100평을 낙찰받았다. 이때 낙찰받은 부지는 1979년 4월 해외자금법 위반으로 율산그룹이 해체되면서 소유권이 (주)한양으로 넘어갔다. 다시 얼마 지나지 않아 (주)한양이 자금 압박을 받으면서 이 땅을 팔아야 하는 처지가 되었다.

이즈음 서울올림픽 개최를 앞두고 잠실일대가 개발되면서 (주)한양 소유의 부지는 금싸라기땅이 되었다. 강남에 대규모 관광위락단지 건설을 추진 중이던 롯데가 이 땅에 눈독을 들였고, 전두환 정권은 이곳에 최고급 숙박시설과 백화점을 짓기로 방침을 세웠다. 결국 전두환 정권의 지원 아래 롯데가 (주)한양 소유 부지 12만 8,246㎡(3만 8,794평)를 1984년 두 차례에 걸쳐 매입했다. 이 과정에서 전두환과 신격호의 남다른 친분이 크게 작용했다.

잠실에 부지를 매입한 롯데는 호텔, 백화점, 쇼핑몰, 테마파크를 연계한 롯데월드를 건설할 계획을 세웠다. 이번에도 범정부적인 차원의 특혜가 제공되었다. 신격호는 재일교포라는 신분을 십분 활용, 한 달 만에 건설 예정 부지의 교통영향평가는 물론 주변지역의 측량과 지하수 조사까지 마쳤다. "우리나라 건축 역사에서 구청, 소방서, 시 본청, 건설부, 상공부, 재무부, 관세청 등 관계기관 공무원들이 적극적으로 지원한 전무후무한" 특혜였다.

여러 얼굴을 지닌 잠실 롯데월드 전경 ⓒ 전상봉

1985년 8월 27일 롯데월드 건설공사가 시작되었다. 올림픽을 앞두고 숙박시설이 부족한 상황에서 호텔을 조기에 완공해야 한다는 정부 방침에 따라 건설공사는 속도전을 펼쳤다. 그리고 올림픽 개막 직전인 1988년 9월 16일 롯데호텔이 완공되었다. 뒤이어 백화점(1988. 11. 12), 쇼핑몰(1988. 11. 19), 실내테마파크(1989. 7. 12), 매직아일랜드(1990. 3. 24)가 차례대로 개장하면서 롯데월드가 완공되었다. 롯데월드의 건축면적은 7만 3,602㎡(2만 2,265평)이며, 연면적 55만 9,235㎡(16만 9,168평)에 달한다. 호텔, 백화점, 쇼핑몰, 실내테마파크가 연계된 단일건물인 롯데월드는 가히 '여러 얼굴을 지닌 괴물'과 같은 모습으로 완공되었다.

이명박 정부, 국가 안보를 내팽개치다

> 지금의 롯데월드는 규모가 너무 작습니다. 더 이상 확장할 수도 없고
> 요. 그래서 제2롯데월드를 지어 지금의 롯데월드와 연결하여 서울의
> 명물을 만드는 것입니다. 내가 살면 얼마나 더 살겠습니까? 21세기 첨
> 단산업 중의 하나가 관광입니다. 그러나 한국에는 구경거리가 별로 없
> 어요. 세계에 자랑할 만한 시설을 조국에 남기려는 뜻밖에 없습니다.
> 놀이시설도 호텔도 제대로 한번 세울 겁니다.
> ― 임종원, 《롯데와 신격호, 도전하는 열정에는 국경이 없다》, 27쪽

신격호의 야망은 롯데월드 하나로 채워지지 않았다. 세계 최고 수
준의 호텔과 쇼핑몰, 극장 들을 망라한 제2롯데월드를 짓겠다는 그
의 야망과 집착은 종교와 같았다. 제2롯데월드 프로젝트는 1988년
송파구 신천동 29번지 일대 8만 7,182㎡(2만 6,373평)의 땅을 사들이
면서 시작되었다.

제2롯데월드를 추진하는 데 결정적인 장애는 예정 부지와 경기도
성남시에 위치한 서울공항이 직선거리로 5km에 불과하다는 점이었
다. 예정 부지에 100층 이상 초고층건물을 지을 경우 서울공항에 전
투기가 이착륙하는 데 장애가 발생하는 것으로 드러났다. 이 때문에
1990년 7월 13일 서울시는 항공법과 공군기지법 규정에 따라 제2롯
데월드 건설계획을 불허했다. 그 뒤에도 제2롯데월드 건설계획은 번
번이 물건너갔다. 노무현 정부시절인 2007년에는 서울공항의 안전
을 담보하려면 동편 활주로 각도를 7도 틀어야 하는 것으로 판단하

고 제2롯데월드 건설을 허가하지 않았다. 당시 공군이 허용 가능한 최고 높이는 203m(50층)였다.

2008년 2월 이명박 정부가 출범하면서 기류가 바뀌기 시작했다. 대통령 이명박은 2008년 4월 28일 투자 활성화와 일자리 창출을 위한 민관합동회의에서 제2롯데월드 허가에 미온적인 국방부장관 이상희를 질책하면서 "날짜 정해놓고 그때까지 해결할 수 있도록 검토하라"고 지시했다. 당시 공군참모총장 김은기를 비롯한 공군 수뇌부는 제2롯데월드 건설을 반대했다. 이유는 555m 높이의 제2롯데월드가 건설될 경우 서울공항의 안전을 보장할 수 없었기 때문이다.

2008년 9월 이명박이 참모총장 김은기를 해임하고 이계훈을 임명하면서 제2롯데월드 신축 허가가 기정사실화되었다. 2008년 저층부 건설 허가를 받아낸 롯데그룹은 민관합동회의와 두 번의 행정협의조정위원회를 거친 다음 2009년 3월 사실상 정부의 승인을 받아냈다. 이 과정에서 국방부와 공군은 '서울공항 동편 활주로 방향을 3도 변경하고 장비를 보강하면 기지의 안보상 기능이 유지되고 비행 안전에 문제점이 없다'는 취지의 의견서를 배포했다.

당시 국방부는 서울공항 동편 활주로를 3도 트는 데 드는 비용을 3000억 원으로 추산했다. 수익자 부담의 원칙에 따라 3000억 원은 롯데가 부담할 몫이었다. 그러나 활주로를 7도 트는 데 소요되는 비용 1조 2000억 원에 비하면 무려 9,000억 원이나 적은 액수였다. 이명박은 대학 동기인 장경작이 총괄사장(롯데호텔)으로 있는 롯데그룹에 제2롯데월드 건설허가와 함께 서울공항 활주로 변경에 따른 부담금을 9,000억 원이나 줄여 주는 엄청난 특혜를 베풀었다.

2010년 11월 11일 송파구청은 123층으로 설계된 롯데월드타워 신축계획을 허가해 줬다. 2009년 기초공사를 시작한 상태에서 롯데는 공기단축과 저층부(에비뉴엘동, 쇼핑몰동, 엔터테인먼트동)의 조기개장을 목표로 공사를 서두르면서 여러 차례 안전사고가 발생했다. 설상가상으로 2014년에는 공사현장 주변 도로에서 싱크홀이 발생했고, 석촌호수의 수량이 급격히 줄어드는 물 빠짐 현상이 일어나 시민들을 불안케 했다.

우여곡절 끝에 2014년 10월 에비뉴엘동, 쇼핑몰동, 엔터테인먼트동이 문을 열었다. 그리고 2017년 4월 3일 123층, 555m 높이의 롯데월드타워가 완공되었다. 국내 최고층건물인 롯데월드타워의 연면적은 축구장 115개 넓이인 80만 5,872㎡에

제2롯데월드 제2롯데월드 프로젝트는 1988년 송파구 신천동 29번지 일대 8만 7,182㎡(2만 6,373평)의 땅을 사들이면서 시작되어 2014년 10월 에비뉴엘동, 쇼핑몰동, 엔터테인먼트동이 개관한 다음 2017년 4월 3일 123층, 555m 높이의 롯데월드타워가 완공되면서 마감되었다. ⓒ 전상봉

이른다. 롯데월드타워의 완공으로 30년의 시간과 건설비 4조 원이 투입된 신격호의 야망과 집착의 결정체인 제2롯데월드가 완성된 것이다.

잠실, 모든 길은 롯데월드로 통한다

송파구 잠실은 롯데왕국이다. 잠실동에 자리 잡은 롯데월드에는
호텔, 백화점, 실내테마파크, 매직아일랜드가 운영 중이며, 신천동에
건설된 제2롯데월드에는 롯데월드타워, 에비뉴엘동, 쇼핑몰동, 엔터
테인먼트동이 기세등등하게 솟아 있다. 길(올림픽로) 건너편에는 롯
데캐슬이라는 주상복합아파트가 지어져 롯데왕국의 위용을 더한다.
일찍이 누군가는 잠실에서 모든 길은 롯데월드로 통한다고 다음과
같이 갈파한바 있다.

> 서울의 대량 교통수단인 지하철 2호선을 타고 잠실역에 내리면 우리는
> 소비자본주의의 화신으로 보이는 롯데월드 속에 '빨려' 들어가게 된다.
> 잠실역에 내려본 사람이라면 다 알다시피 역에서 롯데월드로 들어가는
> 입구가 가장 넓고 화려하기 때문에 현대 소비생활의 '토대'를 이루고
> 있는 욕망 구조에 매여 있는 우리는 자신도 모르게 그곳으로 흡입되어
> 버린다. 모든 길은 로마로 통한다지만 여기서는 모든 길이 롯데월드로
> 통하게 되어 있다.
>
> — 정정호·강내희, 《포스트모더니즘론》(터, 1989), 13~14쪽

그러나 누가 알았으랴. 롯데월드타워의 준공과 함께 신격호의 시
대가 끝난다는 사실을……. 롯데월드타워 막바지 공사가 한창이던
2015년 1월 롯데그룹의 경영권 분쟁이 표출되어 장남 신동주와 차남
신동빈이 이전투구를 벌였다. 총괄회장 신격호는 장남 신동주의 편

롯데월드타워 118층 전망대를 방문한 신격호 총괄회장 롯데월드타워가 완공되자 롯데그룹 창업자 신격호 총괄회장은 2017년 5월 3일 롯데월드타워 118층 전망대에 올라가 밖을 내려다보고 있다. ⓒ 롯데그룹

을 들었으나 승자는 차남 신동빈이었다.

체면을 구긴 신격호는 2017년 5월 3일 96세 노구를 이끌고 롯데월드타워 118층 전망대에 올라 감회에 젖었다. 그리고 달포가 흐른 6월 24일 롯데홀딩스 주주총회에서 창업주 신격호가 이사진에서 전격 제외되었다. 이로써 롯데 창업 70년, 한국 진출 50년 만에 신격호 시대가 쓸쓸하게 저물었다.

굴욕의 역사 흔적, 삼전도비

롯데월드가 위치한 송파구 석촌호수 한편에 삼전도비(三田渡碑)가 자리 잡고 있다. 삼전도비의 정식 명칭은 '대청황제공덕비(大淸皇帝功德碑)'로, 조선을 굴복시킨 청 태종이 자신의 공덕을 새긴 비석을 세우도록 강요하여 1639년(인조17년) 건립되었다.

삼전도비의 크기는 높이 5.7m, 비신의 높이 3.95m, 폭 1.4m이며 무게는 32톤에 달한다. 비문에는 병자호란 때 남한산성에서 내려온 인조가 삼전도에서 청나라 태종 홍타이시[皇太極]에게 항복한 사실을 기록하고 있다. 비문은 세 나라의 글자로 새겼는데, 비문 앞면 왼쪽에는 몽골어로,

석촌호수 주변에 세워진 삼전도비

만주어, 몽골어, 한자로 새겨진 비문의 주요 내용은 다음과 같다. '어리석은 조선 왕이 위대한 청국 황제에게 반항하자 청국 황제는 어리석은 조선 왕을 타이르고 대죄를 납득시켰다. 양심에 눈을 뜬 조선 왕은 자신의 어리석음을 깨닫고, 위대한 청국 황제의 신하가 될 것을 맹세하였다. 조선은 청국 황제의 공덕을 영원히 잊지 않고, 어리석은 죄를 반성하기 위해 이 비를 세운다.'

오른쪽에는 만주어로, 뒷면에는 한자로 새겼다. 비문은 이조판서 이경석이 짓고, 글씨는 당대의 명필 오준이 썼으며, 전액(篆額) 글씨는 예조참판 여이징이 썼다.

　삼전도비는 청나라에 패배한 치욕의 역사를 기록했다는 이유로 여러 차례 수난을 당했다. 청일전쟁으로 청나라가 패망하자 고종은 삼전도비를 땅에 묻으라고 명했다. 1913년 일제는 치욕의 역사를 식민지 백성들에게 각인시키기 위해 삼전도비를 다시 세웠다. 1956년에는 문교부 주도로 삼전도비를 다시 묻었으나, 1963년 홍수로 비석이 드러나면서 사적 101호로 지정되었다. 그 뒤 2007년에는 어느 시민이 붉은 페인트로 비석을 훼손하기도 했다.

　치욕의 역사를 기록한 비석을 수장시키고 훼손한다고 해서 부끄러운 역사가 지워질까? 무릇 모든 나라와 민족에게 찬란하고 빛나는 역사만 존재할 수는 없다. 어쩌면 삼전도비는 부끄러운 역사를 있는 그대로 기억하고, 치욕의 역사가 되풀이되지 않도록 교훈으로 삼아야 한다는 사실을 깨우치는 반면교사의 거울인지도 모른다.

• 참고 문헌 •

- 롯데그룹,《롯데월드 건설지》, 롯데그룹, 1990년
- 손정목,《서울 도시계획 이야기》 2·5, 한울, 2003년
- 임종원,《롯데와 신격호, 도전하는 열정에는 국경이 없다》, 청림출판, 2010년
- 전상봉, '높이 555m 제2롯데월드, 재앙 막으려면', 오마이뉴스, 2014.7. 17.
- 정희상, "'재앙의 탑' 세우려고 9000억 원 특혜 주나",《시사IN》75호, 2009. 2. 16.
- 정희상, "제2롯데월드는 최악의 비행 장애물",《시사IN》164호, 2009. 3. 2.

3

교육특구, 강남 8학군의 탄생

문교부는 1968년 7월 15일 중학교 입학시험을 폐지한다고 발표했다. '학생들의 신체 발달 저해', '이기적이고 비협동적인 성격 형성', '학교 격차의 조성', '사교육비 부담', '학교 교육 불신' 등이 폐지 이유였다. 1969년 서울을 시작으로 1970년 부산, 대구, 광주, 대전, 인천, 전주에서 중학교 입학시험이 폐지된 데 이어 1971년 전국으로 확대되었다. 중학교 입학시험이 폐지되면서 서울 소재 5대 공립중학교(경기, 서울, 경복, 용산, 경동중)가 문을 닫았다.

> 공부는 고등학교에서 더 시키고 중학교의 어린 학생에게는 과도한 입시경쟁에서 벗어나 심신을 고루 발달시키도록 하라.
> — 국정브리핑 특별기획팀,《대한민국 교육 40년》, 169쪽

대통령 박정희의 이러한 지시에 따라 문교부장관 민관식은 1973년

2월 28일 고등학교 평준화와 추첨입학제를 실시한다고 발표했다. 해가 바뀐 1974년 2월 14~15일 서울과 부산에서 고등학교 배정을 위한 컴퓨터 추첨이 시행되면서 중학생들이 고교 입시에서 해방되었다. 고교평준화는 서울과 부산을 시작으로 1975년 대구, 인천, 광주, 1979년 대전, 전주, 청주, 마산, 수원, 춘천, 제주, 1980년 성남, 원주, 천안, 군산, 이리, 목포, 안동, 진주 등의 도시로 확대되었다.

7·30 교육개혁조치

중학교 입시 폐지와 고교평준화로 초등학교와 중학교에서 입시경쟁이 사라졌다. 그러나 고교평준화는 대학 입시라는 극심한 경쟁을 3년 동안 유예한 것에 불과했다. 베이비붐 세대가 대학 입시생이던 1970년대 대학문은 좁았고, 좁은 문(대학 입시)을 통과하기 위한 경쟁은 과외 열기를 부추겨 가계에 부담으로 작용했다. 이즈음 문교부 관련 교육연구기관의 자료에 따르면 개인 및 집단 과외비로 연간 2조 1000억 원, 학원비로 1조 1천억 원이 지출되었다. 이 같은 과외비용은 정부 예산의 6%, 전체 교육예산의 30%에 달하는 액수였다.

당시 항간에는 '과외 잡는 사람을 대통령으로 뽑겠다'는 말이 떠돌 정도로 과외비 부담이 컸다. 전두환 신군부는 이 같은 민심을 다독이기 위해 1980년 7월 30일 국가보위비상대책위원회(국보위) 이름으로 교육개혁조치를 발표했다. '교육정상화 및 과열 과외 해소방안'이라는 이름으로 발표된 7·30 교육개혁조치는 다음과 같은 내용이었다.

서울대학교를 지키는 교문 서울대학교는 1946년 국립서울대학교 설립에 관한 법령(미군정법령 제102호)에 따라 경성대학, 경성법학전문학교, 경성경제전문학교, 경성의학전문학교, 경성치과전문학교, 경성광산 전문학교, 경성사범학교, 경성공업전문학교, 경성여자사범학교, 수원농림전문학교를 통합하여 설립되었 다. 종로구 동숭동 주변에 분산되어 있던 단과대학별 캠퍼스는 1975년 신축된 관악캠퍼스로 이전하였다. ⓒ 전상봉

△사설 학원의 학생 출입 엄금 △위반 학원 인가 취소 △과외교사 등 록 의무화 △교육방송 실시 △과외 소득의 세금징수 등이 과열 과외 해소방안이었고, △대학 본고사 폐지 △대입 학력고사 실시와 고교 내신 성적의 반영 △대학입학 정원 증원과 졸업정원제 실시 △대학 주야간 구분제도의 폐지가 대학 교육 정상화 방안의 골자였다.

교육개혁조치가 발표되자 이른바 4대 일간지는 '교육정상화의 길'

(동아일보), '전국민적 호응을!' (조선일보), '획기적인 교육개획'(중앙일보), '영단(英斷)적인 교육혁신'(한국일보)이라는 환영 일색의 기사를 실었다. 전두환 신군부는 7·30 교육개혁조치를 통해 국민들의 환심을 사는 한편, 대학을 체제 순응형 기능인을 길러내는 양성소로 개편하고자 했다. 그럼에도 7·30 교육개혁조치는 과외비 부담 해소와 대학 문턱을 낮추는 효과가 없지 않았다.

> 그해 광주항쟁이 있었고, 2학기부터 과외가 금지되고 본고사가 폐지되었습니다. 그 조처에 담긴 '마법'은 놀라웠습니다. 2년이 지난 뒤 3학년이 되자 '성적 게시판'에는 새로운 이름들이 등장했습니다. 가난한 동네에 사는 친구들 이름이 부쩍 늘었습니다. 제 동기생들의 입시 성적표는 더욱 놀라웠습니다. 고교평준화 전 '깡패 학교'로 이름난 학교에서 재수생까지 합해 30명 가까이 서울대에 진학했습니다. 한 해에 한두 명가량을 서울대에 보내던 학생 수 600여 명의 지방 고등학교는 단숨에 입시 명문고가 되었습니다.
> — 권복기, '전두환 정권이 그리운 단 한 가지 이유', 한겨레, 2007. 6. 29

7·30 교육개혁조치로 대학 문턱이 낮아진 건 사실이었다. 하지만 서울대를 정점으로 하는 대학 서열구조는 여전했고, 시간이 흐를수록 학벌체제의 벽은 높아졌다. 이 같은 상황에서 고교평준화 정책과 7·30 교육개혁조치는 교육의 평준화가 아니라 경쟁의 평준화로 귀결되었다. 여기에 더해 서울 도심의 명문고들이 강남으로 이전하면서 강남 8학군이라는 교육특구가 탄생하게 되었다.

강남 8학군의 탄생

고교평준화 정책이 시행되면서 학군(學群)제도가 도입되었다. 학군이란 중학교 졸업생을 추첨으로 고등학교에 배정하기 위해 서울을 몇 개 구역으로 구분한 제도이다. 고교평준화가 시행된 1974년 서울은 6개 학군으로 편성되었다. 서울시청을 중심으로 반경 3km 이내 지역은 공동학군으로, 나머지 지역은 5개 일반학군으로 구분되었다. 당시 공동학군에는 서울시내 인문계 고등학교 87개 학교 가운데 46개 학교가 밀집되어 있었다.

학군제 시행 이후 큰 폭의 제도변화는 1980년 2월 19일 단행되었다. 서울시 교육위원회는 이날 고등학교 학군설정에 관한 조례를 개정하여 종전의 출신 중학교 중심의 고등학교 배정방식을 거주지 중심으로 개편하였다. 이때의 개편으로 거주지에 관계없이 진학이 가능한 서울 도심의 공동학군이 폐지되고, 거주지 중심의 완전학군제가 시행되었다.

완전학군제 도입은 학생들을 가급적이면 걸어서 학교에 다닐 수 있게 하자는 취지에 따른 것이었다. 문제는 좋은 취지가 반드시 선한 결과로 이어지지 않는다는 사실이다. 강북의 명문고들이 강남으로 이전하면서 강남 8학군은 서울 도심의 공동학군을 강남에 옮겨 놓은 격이었다. 이런 상황에서 8학군은 강남에 거주하는 학생들만 입학할 수 있는 배타적인 학군이 되었다.

명문고들이 강남 이전을 시작하던 1970년대 후반 강남에는 대단위 아파트 단지가 건설되면서 중상류층의 이주가 급증했다. 강남 8학군

1974년	고교평준화 등장(공동학군 1곳, 일반학군 5곳)
1975년	공동학군 1곳, 일반학군 5곳
1976년	경기고 강남 이전
1977년	공동학군 1곳, 일반학군 7곳
1978년	8학군 등장(공동학군 1곳, 일반학군 9곳)
1980년	거주지 중심 배정 완전학군제(일반학군 9곳)
1996년	시내 중심 공동학군제 부활
1999년	자치행정구에 맞게 11개 일반학군
2010년	광역학군제(고교선택제) 도입

서울시 8학군의 역사(출처 : 국정브리핑 특별기획팀, 《대한민국 교육 40년》, 227쪽)

이 교육특구로 부상할 수 있는 여건이 갖춰지고 있었던 것이다. 그런
데도 교육 당국은 이에 대한 대책은 세우지 않고 더 많은 고등학교를
강남으로 이전시키는 데만 급급했다.

1980년대가 되자 강남의 인구가 급증하여 8학군 고등학교의 모집
정원을 초과하게 되었다. 이런 가운데 강남 8학군 고등학교들은 명
문고로 도약하기 위한 무한경쟁을 펼쳤다. 고교평준화 세대가 처음
으로 대학에 진학한 1977년 강남 소재 고등학교 가운데 서울대 합격
생을 가장 많이 배출한 학교는 영동고(17명 합격)였다.

강남 8학군 고등학교의 약진은 완전학군제가 시행되면서 두드러졌
다. 완전학군제 세대가 처음으로 대학에 진학한 1984년 강남 8학군
고교의 서울대 합격생은 영동고 78명, 경기고 74명, 상문고 58명, 서
울고 54명, 휘문고 37명, 세화여고 31명, 경문고 30명, 서문여고 27명,
정신여고 25명, 영동여고 24명, 숙명여고 20명이었다. 그야말로 강남

8학군 고등학교의 놀라운 약진이었다.

불과 몇 년 사이 서울대 합격생이 부쩍 늘어난 요인은 우수 교사의 초빙, 스파르타식 교육을 꼽을 수 있지만 결정적 이유는 우수한 신입생을 많이 배정받았기 때문이다. 이즈음 강남 8학군 고등학교 교장들은 연합고사 성적이 우수한 신입생(200점 만점에 180점 이상)을 더 많이 배정받기 위해 서울시 교육위원회를 상대로 엄청난 로비를 벌였다. 사정이야 어찌 되었건 서울대 합격생을 많이 배출하게 되면서 고교평준화 정책으로 해체된 고등학교 서열체계가 강남 8학군이라는 지역으로 대체되었다.

8학군 열풍과 위장전입

강남 8학군 열풍은 위장전입이라는 사회적 병폐를 동반했다. 1981~1985년 사이 서울시민은 평균 30%가 이사를 다녔다. 반면 강남구의 이사 비율은 89%였다. 1980년대 중반 서울의 가구 증가율은 7.9%, 고교생 증가율은 1.2%인 데 반해 강남 8학군의 가구 증가율은 23.4%, 고교생 증가율은 57.5%에 달했다.

1970년대까지만 하더라도 위장전입은 아파트 당첨을 위한 투기용이었다. 그러나 1980년대가 되자 위장전입의 용도에 강남 8학군 고등학교 진학이라는 쓰임새가 더해졌다. 그 결과 장관급 이상의 고위 공직자 청문회 때마다 어김없이 등장하는 '5대 비리(병역 면탈, 부동산 투기, 탈세, 위장전입, 논문 표절)' 가운데 하나가 되었다.

인구 급증과 위장전입으로 강남 8학군 고등학교 주변의 집값 또한 폭등했다. 바야흐로 교육과 부동산이 맞물리면서 '돈 있으면 강남 가고, 강남 가면 명문대 간다'는 등식이 성립되었다. 이 시기 강남 아파트 단지로 이주한 사람들은 고위 공무원, 변호사, 의사, 기업 임원이 대부분인 고소득층이었다. 고학력 전문직인 이들에게 강남 8학군은 자녀들을 더 높은 신분으로 상승시킬 수 있는 계층이동의 통로로 인식되었다.

위장전입이 사회적인 이슈로 부각되자 1982년 경찰과 사회정화위원회를 비롯한 관계기관은 강남 8학군에 대한 합동 단속을 벌였다. 단속 결과에 따르면 조사 대상자 3,965명 가운데 1,653명(42%)이 위장전입자인 것으로 밝혀졌다. 한 해가 지난 1983년 경기고와 서울고

등 10개 학교 주변 47개 동 3,212명을 단속한 결과 238명이 위장전입자로 적발되었다.

관계 당국의 단속에도 강남 8학군으로의 위장전입은 막을 수 없었다. 당시 강남구 대치동 한 아파트 주민들은 반상회에서 '친척 친지들의 허위전입 부탁을 받지 말자'는 색다른 건의를 하고 관할 동사무소에 허위전입자를 철저히 가려 줄 것을 요청하는 일도 있었다. 1980년대 중후반을 거치면서 강남 8학군으로의 전입은 더욱 늘어나 해마다 연초가 되면 학교 주변의 아파트값과 전세값이 폭등하는 현상이 벌어졌다.

강남 8학군으로 학생들이 몰려들자 서울시 교육위원회는 1986년부터 완전학군제에 또 다른 조건을 추가했다. 고등학교 배정 기준에 거주지와 함께 거주기간을 반영키로 한 것이다. 8학군 장기 거주자들의 불만을 누그러뜨리고, 전입 가정을 줄이기 위한 조치였다. 거주기간을 처음 반영한 1986년 8학군 고등학교를 배정받으려면 1년 이상 강남에 거주해야 했다. 거주기간이 1년 미만이던 527명의 학생들은 강북에 있는 고등학교에 배정되었다.

그럼에도 강남의 인구는 지속적으로 증가했다. 해가 지날수록 강남 8학군에 배정받으려면 오랜 기간을 거주해야 했다. 거주 기간이 가장 길었던 해는 1993년으로 40개월 이상 거주한 학생들이 8학군 고등학교에 배정되었다. 이 기간을 채우지 못한 학생들은 한강 건너 강북에 위치한 고등학교를 다녀야 했다.

강남 8학군의 적체에 따른 비극적인 사건은 1994년 10월 21일 발생했다. 그날 아침 7시 38분께 발생한 성수대교 붕괴로 숨진 여고생

8명은 8학군지역인 강남구 압구정동에 살면서 강 건너 성동구 행당동 소재 무학여고를 다니던 학생들이었다. 만약 이들이 강남 8학군에 배정되었다면 당하지 않았을 참변이었다.

• 참고 문헌 •

- 강준만, 《입시전쟁 잔혹사》, 인물과사상사, 2009년
- 국정브리핑 특별기획팀, 《대한민국 교육 40년》, 한스미디어, 2007년
- 권보드래 외, 《1970 박정희 모더니즘》, 천년의상상, 2015년
- 손정목, 《서울 도시계획 이야기》3, 한울, 2003년
- 오제연, '1976년 경기고등학교 이전과 강남 '8학군' 의 탄생', 《역사비평》 2015년
  겨울호
- 한홍구, 《특강》, 한겨레출판, 2009년

수서비리사건

1983년 들어 미국 경제는 뚜렷한 회복세를 보였다. 물가는 4%대를 유지했고, 실질성장률은 상승곡선을 그었다. 그런데 문제는 쌍둥이 적자(재정적자와 무역적자)였다. 레이거노믹스에 기초한 감세 정책으로 재정적자는 누적되었고, 제조업의 경쟁력이 일본과 서독(독일)에 뒤처지면서 무역적자가 심화되었다.

쌍둥이 적자를 해소하기 위해 미국이 꺼내든 카드는 패권국이라는 지위를 활용한 강압적인 조치였다. 미국은 달러화의 가치를 절하하기 위해 G5(미·일·독·영·프)의 재무장관과 중앙은행 총재가 참여하는 회의를 소집했다.

때는 1985년 9월 22일 뉴욕의 플라자호텔에서 G5의 재무장관과 중앙은행 총재가 모였다. 불과 20분 만에 끝난 이날 회의에서 플라자 합의(Plaza Agreement)가 채택되었다. 플라자 합의의 핵심내용은 일본 엔화를 평가 절상하여, 미국과 일본의 무역역조를 시정하는 것이었다. 미국은 플라자 합의를 통해 수출을 늘리고 수입을 줄이기 위해 달러화의 평가절하를 요구했다. 이 같은 미국의 저달러 정책의 강력한 신호음을 접수한 각국 중앙은행들은 달러를 매각하고 엔화와 마르크화를 사들이기 시작했다. 그 결과 달러화의 가치는 급락했고 엔화와 마르크화의 가치는 급등했다.

플라자 합의 당시 미국의 장기금리는 10.8%였고, 일본의 금리는 5.8%였다. 이런 상황에서 국제금융시장의 자본은 금리가 높은 미국으로 유입될 수밖에 없었다. 미국은 달러화의 약세를 실현하기 위해 금리를 급격하게 낮췄고, 그 영향으로 국제금융시장에 저금리 기조가 형성되었다.

이런 가운데 1980년대 내내 국제유가는 저유가 기조를 유지했다. 저유가 기조는 미국의 대 소련 포위 전략에서 비롯되었다. 1981년 출범한 레이건 행정부는 소련을 압박하기 위해 강력한 포위 정책을 추진하여 소련의 주요 수출품인 석유와 천연가스 수출을 철저히 봉쇄하는 한편, 사우디아라비아와 공조 아래 국제적인 저유가 공세를 펼쳤다. 이 같은 국제정세의 흐름 속에서 1980년대 중후반 3저 현상(저달러, 저금리, 저유가)이 나타났다.

단군 이래 최대 호황

3저 현상으로 한국 경제는 날개를 달았다. 한국의 주요 수입품인 원유 가격은 낮았고, 국제금융시장에서 금리와 달러가 약세를 보이면서 수출에 유리한 환경이 조성되었다. 덕분에 한국의 경제성장률은 1986년 10.6%, 1987년 11.1%, 1988년 10.6%에 달하는 고공행진을 이어갈 수 있었다. 1980년 1,592달러였던 1인당 GNP는 1987년 3,110달러를 달성했고, 수출 호조에 힘입어 경상수지는 1986년 46억 달러, 1987년 98억 달러, 1988년 141억 달러의 흑자를 기록했다.

단군 이래 최대 호황이라는 특수에 힘입어 주식시장은 뜨겁게 달아올랐다. 1985년 말 163포인트이던 종합 주가지수는 1986년 272포인트, 1987년 525포인트, 1988년 907포인트를 기록, 불과 3년 만에 5.5배 상승했다. 덕분에 주식을 매입한 투자가들은 매년 70~90%에 달하는 높은 배당을 받을 수 있었다.

증시의 활황 속에서 1987년 3월 20일 사상 처음으로 하루 주식거래량이 1억 주를 돌파했다. 과열 자제를 외치던 조선일보는 그해 5월 24일 자부터 주식시세표를 게재하는 기민함을 보였다. 신문에 실린 주식시세표를 보면서 사람들은 일확천금을 꿈꾸기 시작했고, 증권사 직원들은 샐러리맨의 우상이 되었다.

강남 전철역에 위치한 M살롱은 객실이 24개에 달하는 국내 최대 규모의 룸살롱 중의 하나다. 3층짜리 빌딩의 지하층과 1~2층을 10여 억 원을 들여 초호화판으로 꾸몄다. 호스티스만 200명에 이른다는 얘기고 보면 이곳을 찾는 손님들의 수를 미루어 짐작할 수 있다. M살롱과 같은 고급 룸살롱은 테헤란로 주변 이외에도 압구정동, 신사동, 방배동, 서초동 등 강남지역 곳곳에 우후죽순처럼 생겨나 번창하고 있다.

— 송양민, '2~3년 새 부쩍 는 향락 업소', 조선일보, 1986. 7. 30. 3면

민주화 열기로 숨 가빴던 1987년 3저 현상으로 전대미문의 특수를 누리던 1980년대 중후반 한국 사회는 정치적으로 격변기였다. 대한민국역사박물관 전시사진을 촬영했다. ⓒ 전상봉

그랬다. 전대미문의 호황 속에 강남의 유흥가는 불야성을 이루었다. 그러나 빛이 있으면 그림자가 있는 법. 1986년 8월 14일 밤 10시 30분께 강남구 역삼동 소재 서진회관이라는 룸살롱에서 끔찍한 살인사건이 발생했다. 조직 폭력배들의 알력과 분쟁에서 비롯된 심야의 칼부림으로 네 명이 살해된 서진룸살롱 살인사건은 한국 사회의 폭력성을 가감 없이 드러냈다.

호황으로 달뜬 분위기에 편승하여 강남을 소재로 한 대중가요들이 유행을 타기 시작했다. 주현미의 〈비 내리는 영동교〉, 〈영동 블루스〉,

〈신사동 그 사람〉, 김수희의 〈명에〉, 문희옥의 〈사랑의 거리〉같은 대중가요가 공전의 히트를 쳤다. 강남을 배경으로 한 대중가요의 유행은 서울 도심의 권력지형이 종로, 무교동, 명동에서 강남으로 옮아갔음을 의미했다.

이즈음 한국 사회는 정치적 격변기였다. 1985년 2월 12일 치러진 제12대 총선에서 신민당(신한민주당)의 돌풍을 시작으로 서울 미문화원 점거농성(1985. 2, 23~26), 5·3 인천사태(1986. 5. 3), 박종철 고문치사사건(1987. 1. 14), 전두환의 4·13 호헌조치(1987. 4. 13), 6월항쟁과 7~8월 노동자대투쟁, 제13대 대선(1987. 12. 16)에 이르기까지 국민들의 민주화의 요구가 역동적으로 터져나왔다.

주택 200만 호 건설 공약

'보통사람들의 위대한 시대'를 표방하며 대통령에 취임한 노태우는 1988년 5월 25일 주택 200만 호 건설 정책을 공식 발표했다. 주택 200만 호는 당시 서울시 전체 주택 수와 맞먹는 물량이었다. 이처럼 많은 집을 집권 5년 안에 짓는다는 것은 엄청난 비용과 자재와 노동력을 필요로 했다.

주택 200만 호 건설 정책은 6월항쟁 직후 급진화된 시대상황을 반영한 것이었다. 민주화 투쟁을 주도한 베이비붐 세대(1955~63년생)가 한창 집을 살 시기였고, 386세대(1960년대 생) 또한 결혼 적령기에 접어들면서 주택 수요층이 두터워졌다. 여기에 더해 핵가족화에 따른

마두역에서 바라본 일산 신도시 노태우 정권은 주택 200만 호 건설 정책에 따라 성남시 분당, 고양시 일산, 부천시 중동, 안양시 평촌, 군포시 산본 등 5개 신도시를 건설했다. 1기 신도시 건설로 1985년 69.8%였던 주택보급률이 1991년 74.2%로 상승했다. ⓒ 강효식

가구 수 증가로 주택 수요가 늘어났다.

200만 호를 짓기 위해 정부는 다음과 같은 세부 계획을 수립했다.

수도권에 90만 호를 짓고 나머지 물량은 부산, 대구, 광주, 대전 등지에 건설하는 것을 골자로 노동자와 영세민을 위한 영구임대주택 25만 호와 근로복지주택 15만 호, 사원임대주택 10만 호를 건설하는 내용이었다. 또한 민간건설업자의 주택건설을 지원하기 위해 저리융자

와 자재공급 등 종합적인 지원책도 마련했다.

노태우 정권은 수도권에 90만 호 주택을 짓기 위해 5개 신도시 건설을 추진했다. 1989년 4월 27일 발표된 5개 신도시는 분당, 평촌, 일산, 산본, 중동으로 서울에서 1시간 이내 거리에 위치한 곳이었다. 5개 신도시에 건설될 아파트 물량은 모두 29만 2,000호로 당시 강남 아파트 23만 호보다 많고, 서울시 전체 아파트 42만 호의 69%에 해당하는 엄청난 규모였다.

5개 신도시 가운데 강남에 인접한 분당의 경우 '천당 위에 분당'이라는 말이 나돌 정도로 인기를 끌었다. 1989년 11월 분당시범단지아파트가 처음으로 분양을 시작하자 엄청난 인파가 몰려들었다. 분당 신도시의 아파트 분양가는 평당 152만 원~181만 원이었다. 당시 강남 아파트의 평당 가격은 480만 원 정도로 1억 5,000만 원을 호가하는 31평형 아파트를 팔면 분당에 53평형 아파트(9,300만 원)를 사고도 5,700만 원이 남았다.

서울의 주택보급률이 62%에 불과하던 당시 상황에서 신도시 아파트 분양 열기는 내 집 마련을 위한 실수요와 투기성 가수요가 뒤엉키면서 뜨겁게 달아올랐다. 전두환 신군부가 집권한 1980~1987년 연평균 10.5%였던 지가상승률은 1988년 27.5%, 1989년 32.0%, 1990년 20.6%로 급등했다. 부동산 시장이 들썩이자 물가가 상승하면서 서민들의 살림살이는 더욱 팍팍해졌다.

집값이 폭등하자 전세와 월세도 덩달아 뛰었다. 세입자 보호를 위해 주택임대차보호법이 개정(1989. 12)되자 그에 따른 여파가 더해졌다. 주택임대차보호법 개정으로 전월세 기간이 1년에서 2년으로 늘어나자 집주인들이 2년치 보증금을 한꺼번에 올리면서 전월세 상승을 부채질했다.

부동산 광풍이 한바탕 불어 닥친 1989년 겨울과 1990년 봄은 삭막하고 흉흉했다. 집 없는 세입자들은 반지하 방과 달동네를 전전해야 했고, 더러는 서울 변두리에서 경기도로 이사를 가야 했다. 치솟는 집세를 감당하지 못해 1990년 봄에만 17명의 가장이 목숨을 끊었다. 이런 아픔과 눈물 속에서 대통령 노태우의 주택 200만 호 건설 공약은 애초 계획보다 1년 앞선 1991년 말 214만 호를 지으면서 마무리되었다.

정경유착의 검은 그림자, 수서비리사건

수서비리사건은 한보주택 회장 정태수의 검은 야욕에서 비롯되었다. 강남구 수서동과 일원동일대의 토지를 한보주택이 사들인 것은 1988년 4월부터 이듬해 989년 11월까지다. 임원들을 동원하여 수서지구에 땅 5만 135평을 매입한 한보주택은 예기치 않은 난관에 봉착했다. 녹지지역으로 지정된 수서지구는 공영주택 공급을 위한 공공개발만 가능한 곳으로, 민간 건설사의 택지개발은 원천적으로 불가했다.

수서지구에 아파트를 지을 방안 마련에 골몰한 정태수는 직장 단위의 무주택자 조합을 결성, 한보주택과 공동으로 85m² 이하 아파트를 어떻게 하면 문제 없이 지을까 방법을 생각해냈다. 한보주택은 1989년 2월부터 강남구 수서지구에 아파트 입주를 희망하는 사람들을 모집하여 26개 주택조합을 결성했다. 직장 단위로 결성된 주택조합은 경제기획원, 농림수산부, 한국산업은행 등 26개 기관 임직원이 조합원이었다.

주택조합이 결성되자 정태수는 주도면밀한 로비를 시작했다. 26개 주택조합원들을 동원하여 수서지구에 아파트를 지을 수 있도록 허가해 달라고 서울시에 민원을 넣었다. 민원이 접수되자 서울시는 도시계획상 녹지지역에 해당하는 수서지구는 공영개발방식 말고는 민간조합의 택지개발은 불가하다고 통보했다. 거듭된 불가통보를 받자 정태수는 서울시는 물론 청와대, 건설부, 여야 국회의원, 국회건설위 등 모든 권력기관의 실세들을 대상으로 집요하고 전방위적인 로비를 벌였다.

청와대와 국회의 요청과 압력에도 서울시장 고건은 법과 규정에 어긋난다며 택지개발을 허가하지 않았다. 미운털이 박힌 고건은 1990년 12월 27일 서울시장에서 해임되었고, 올림픽조직위원장을 지낸 박세직이 서울시장에 임명되면서 한보주택의 택지개발에 청신호가 켜졌다.

하키협회장을 지낸 정태수와 가까웠던 박세직은 1991년 1월 20일 한보주택과 26개 주택조합의 청원을 받아들여 수서지구 3만 5,500평에 아파트 건설을 허가한다고 결제했다. 하루가 지난 1월 21일 서울시 부시장 윤백영은 기자회견을 열고 다음과 같이 발표한다.

공공개발한 택지를 특정 주택조합에 공급함으로써 무주택 서민용 아파트 공급에 차질이 예상되나, 건설부에서 '공급이 가능하다'는 유권해석

정태수의 전방위적이고 집요한 로비가 불가능을 가능으로 바꾸는
기적을 연출하는 순간이었다. 그러나 반전은 이때부터 시작되었다.
서울시가 '현행법상 불가능할 뿐 아니라 특별공급 자체가 불법'이라
는 입장을 바꿔 택지개발을 허가하자 비난 여론이 쏟아졌다.

여론이 들끓자 대통령 노태우는 마지못해 감사원과 검찰에 감사와
수사를 지시했다. 비리의 몸통이 수사를 지시하는 어처구니없는 상
황 아래 면피용 감사는 5일 만에 끝났고, 수사는 10일 만에 마무리되
었다. 1991년 2월 16일 검찰은 청와대 문화체육비서관 장병조, 민자
당 국회의원 이태섭, 오용운, 김동주, 평민당 국회의원 이원배, 김태
식, 한보주택 회장 정태수, 건교부 국장 이규황, 농협인력개발부 서
기 고진석 등 9명을 구속한다고 발표했다. 민심을 수습하기 위해 서
울시장 박세직과 부시장 윤백영이 경질되었다.

이렇게 사건은 일단락되었으나 실체가 밝혀졌다고 믿는 사람은 많
지 않았다. 그 뒤 사건의 전모는 1995년 11월 16일 전 대통령 노태우
가 비자금 혐의로 구속되면서 드러났다. 재판부의 판결에 따르면
1989년 12월부터 1990년 11월까지 대통령 노태우는 청와대 안가에
서 한보주택 회장 정태수로부터 네 차례에 걸쳐 수서지구 택지분양
을 대가로 150억원의 뇌물을 받은 사실이 확인되었다.

박정희 대통령은 1970년대 도로를 뚫은 '길 대통령'이라면 나는 주택을

짓는 '집 대통령'으로 남고 싶다.

— 국정브리핑 특별기획팀,《대한민국 부동산 40년》, 129~130쪽

평소 이 말을 자주했던 어느 '집 대통령'의 실체는 거액 뇌물을 받고 공공의 택지를 불법적으로 허가한 비리의 몸통이나 다름없었다.

• 참고 문헌 •

- 강준만,《강남, 낯선 대한민국의 자화상》, 인물과사상사, 2006년
- 국정브리핑 특별기획팀,《대한민국 부동산 40년》, 한스미디어, 2007년
- 박해천,《아파트 게임》, 휴머니스트, 2013년
- 손정목,《한국 도시 60년의 이야기》 2·5, 한울, 2005년
- 전상봉,《자본주의, 미국의 역사》, 시대의창, 2012년

4장

강남과 강북의 단절

1

서태지와 아이들,
X세대 그리고 압구정동

아주 먼 옛날 옛적

당신들이 생각하던 세상이 아니다

'아차' 하는 사이에도

길모퉁이 한 곳에는 빌딩들이 들어선다

여자들의 옷차림은 계절 따라 뒤바뀌고

남자들의 머리칼은 길어졌다 짧아진다

점점, 더, 빨리빨리,

이것이 1990년대이다

　　그룹 넥스트(N.E.X.T)는 〈코메리칸 블루스(Komerican Blues)〉에서 1990년대를 이렇게 노래했다. 3저 호황과 시민의 힘으로 쟁취한 정치적 민주화의 뒤를 이은 1990년대는 소비시대였다. 1986년 2,701달러였던 1인당 GDP는 1992년 7,539달러를 기록했고, 1995년엔 1만

1,471달러를 달성, 국민소득 1만 달러 시대가 개막되었다.

호황의 물결 속에 거리는 자동차로 넘쳐났다. 1985년 5월에 100만 대를 넘어선 자동차는 1988년 12월 200만 대, 1990년 6월 300만 대, 1991년 10월 400만 대, 그리고 1992년 500만 대를 돌파했다. 자동차의 증가추세는 1990년대 초반 하루 평균 2,000여 대가 늘어날 정도로 폭발적이었다.

민주화 이후 문화, 환경, 여성, 인권, 성평등 등 다양한 담론들이 분출하기 시작했고 무선호출기, 컴퓨터, 휴대전화 같은 통신기기들이 보급되면서 국민들의 일상생활에 일대 혁명적인 전환이 일어났다. 이러한 시대 흐름 속에서 다양한 장르의 대중음악이 발표되면서 시대의 변화를 이끌었다.

현대자동차가 생산한 포니 3저 호황에 힘입어 1990년 초반 하루 평균 2,000여 대의 자동차가 늘어났다. 대한민국역사박물관에 전시된 포니 자동차 모습. ⓒ 전상봉

서태지와 아이들

1992년 2월 17일 미국의 인기그룹 '뉴 키즈 온 더 블록(New Kids On The Block)'의 내한공연이 열렸다. 당시 10대 소녀들에게 뉴 키즈 온 더 블록의 인기는 가히 폭발적이었다. 1월 20일 예매가 시작되자마자 1시간 만에 티켓 1만여 장이 팔려나갈 정도였고, 공연 당일에는 10만 원을 넘는 암표가 거래되기도 했다.

공연이 열린 올림픽체조경기장은 관객 1만 5,000여 명이 몰려들어 입추의 여지가 없었다. 그날 저녁 7시 30분 뉴 키즈 온 더 블록이 히트곡 〈스텝 바이 스텝〉을 부르면서 무대에 등장하자 관객 1천여 명이 무대 앞으로 우르르 몰려들면서 예기치 않은 불상사가 일어났다. 무대 바로 앞 바닥에 앉아 있던 1백여 관객이 인파에 밀려 짓밟히는 사태가 벌어진 것이다.

공연장은 일순간 아수라장이 되었다. 인파에 깔린 50여 명이 인근 병원으로 긴급 호송되고 공연은 중단되었다. 밤 11시30분 공연이 재개되었으나 또다시 흥분한 관객들이 잇따라 졸도하는 사태가 벌어졌다. 이날 사고로 1명이 사망하고, 40여 명이 부상당했다.

사상 최악의 공연 사고로 기록된 사태의 파장은 컸다. 청소년들의 호기심을 상술에 이용하면서 안전 문제를 소홀히했다는 비판이 쏟아지는 가운데 공연을 주최한 서라벌레코드사 사장이 업무상과실치사상 및 공연법 위반 혐의로 구속되었다. 해외 팝스타 내한공연을 불허한다는 문화부 방침이 발표되면서 예정된 공연이 줄줄이 취소되었다. 신문에서는 연일 '입시 교육에 찌든 10대들이 벌인 히스테릭한

H.O.T 1집 〈전사의 후예〉 H.O.T는 남성 5인조 댄스 그룹이다. 데뷔곡 〈전사의 후예〉, 〈캔디〉로 신드롬을 일으킨 H.O.T는 〈행복〉, 〈빛〉 등의 히트곡을 발표하여 아이돌그룹이 대중가요를 주도하는 시대를 열었다. ⓒ 전상봉

현상'이라는 진단과 함께 대중문화 전반에 대한 점검이 필요하다는 보도가 이어졌다.

그리고 달포가 지난 3월 23일 서태지와 아이들이 1집 앨범 〈Yo! Taiji〉를 발표한다. 4월 11일 MBC '특종 TV연예'라는 프로그램을 통해 세상에 첫선을 보인 서태지와 아이들은 곧바로 10대들의 우상이 되었다. 한국어 랩은 안 된다는 편견을 깨고 등장한 이들의 노래와 춤은 낯설고 생경한 것이었다. 신세대들은 열광했지만 기성세대들은 이들의 노래와 춤이 낯설고 불편했다.

서태지와 아이들의 등장과 함께 트로트와 발라드가 주류였던 대중음악의 지형에 지각변동이 일어나 랩과 댄스음악이 대세를 이뤘다. 서태지와 아이들은 대중음악뿐만 아니라 사회 전반에 걸쳐 커다란 반향을 불러 일으켰다. 제4집 앨범에 수록된 〈시대유감(時代遺憾)〉의

경우 공연윤리위원회가 가사의 불온성을 문제 삼아 심의를 불허하자 이에 항의, 가사를 삭제한 채 앨범을 발매했다. 이를 계기로 음반사 전심의제를 폐지해야 한다는 여론이 확산되었다.

1996년 1월 31일 서태지와 아이들은 전격적으로 은퇴를 선언한다. 이들의 활동 기간은 만 4년이 되지 않았지만 '한국의 대중음악 역사는 서태지와 아이들 이전과 이후로 나뉜다'는 말이 나돌 정도로 큰 족적을 남겼다. 이들의 은퇴와 함께 1990년대 대중음악의 전성기는 막을 내렸고, 그해 9월 H.O.T가 데뷔하면서 아이돌이 대중음악을 선도하는 새로운 시대가 개막되었다.

X세대 또는 오렌지족이라는 이름의 신세대

1993년 12월 1일, 낯선 광고 한편이 텔레비전 화면에 선을 보였다. 짧게 끊어지는 화면들, 천정에 매달린 채 박살나는 전구, 텅 빈 방안에서 천천히 흔들리는 샌드백, 고층빌딩 위를 날아오르는 비둘기떼, 파편화된 장면 사이를 연결하는 자동차들의 질주. 그리고 반복되는 한 줄의 카피. '난, 트윈엑스 세대?' (주)아모레 퍼시픽이 X세대 감성 남성화장품이라고 내놓은 '트윈엑스'의 광고였다. 같은 회사가 동시에 출시한 여성화장품 '내 나이 20과 1/2 레쎄'와 더불어 이 광고는 당시 신인에 가까웠던 이병헌과 신은경을 X세대의 아이콘으로 등극시키며 이듬해부터 우리 사회에 X세대라는 말이 창궐토록 했다.

— 《문화과학》, 2010년 여름(통권 62호), 92쪽

X세대의 출현은 1980년대와 1990년대를 구분하는 하나의 잣대였다. 1970년 전후에 태어나 1990년대에 대학을 다닌 X세대는 사회 공동의 가치보다 개인의 가치를 중시하는 세대였다. 컴퓨터를 통한 온라인 네트워크를 경험한 이들은 이전 세대와 달리 온라인을 통해 사회 관계망을 형성한 첫번째 세대이기도 했다.

오렌지족이라고도 불린 이들은 386세대와 달리 학생운동에 관심이 크지 않았고, 해외여행 자유화 조치(1989.1.1) 이후 어학연수와 해외여행이 확산되던 시기에 대학을 다닌 세대였다. 이들이 등장한 1990년대 초반《나의 문화유산답사기》로 대표되는 인문학 열풍이 불었고, 트렌디드라마 〈질투〉와 기획영화의 시작을 알린 〈결혼이야기〉가 개봉되어 흥행가도를 달렸다.

X세대의 등장은 기성세대들에게 하나의 충격이었다. '조국 근대화의 기수'도, 그렇다고 '반독재 민주화 투쟁의 선봉대'도 아닌 X세대들에게 기성세대는 이질감을 느꼈다. 오직 놀고 쓰는 데서 보람을 찾는 이들은 좋게 말하면 소비문화에서 자아를 찾는 세대였고, 있는 그대로 말하면 부모세대의 재산을 쓰는 데 열중한 세대였다.

더러는 부모세대의 재력에 힘입어 해외 유학길에 올랐으나 공부는 내팽개치고 향락에 빠지기도 했다. 가수 싸이가 2012년 7월 발표하여 세계적인 인기를 얻은 〈강남스타일〉은 X세대(오렌지족)의 진화된 감성에 기초한 곡이었다.

1990년대 X세대가 벌인 한바탕의 잔치는 오래가지 못했다. 1997년 IMF 외환위기와 함께 X세대의 황금기는 저물었고 뒤이어 88만원세대가 등장했다. 중·고등학생 시절 IMF 외환위기를 경험한 88만원세대는 폭등하는 등록금과 청년실업의 무게를 짊어지고 사회에 진출한 세대였다.

소비문화의 특구, 압구정동 로데오거리

압구정동은 체제가 만들어낸 욕망의 통조림 공장이다.

시인 유하는 〈바람 부는 날이면 압구정동에 가야 한다 2〉에서 이렇게 선언했다. 강남구 압구정동은 1970년대 초반까지만 하더라도 배꽃이 흐드러지던 과수원이었으나 불과 20여 년 만에 대한민국의 소비문화를 상징하는 장소로 탈바꿈했다.

1975년 3월 현대건설이 아파트 공사를 시작하면서 개발되기 시작한 압구정동은 1980년대를 거치면서 강남 제일의 부촌이 되었다. 1979년 9월에는 강남 최초의 백화점인 한양쇼핑센터 영동점(현 갤러리아백화점 압구정점)이 개장하면서 압구정동 소비문화의 거점으로 뿌리를 내렸다. 1979년 성수대교가 건설되고, 1985년 동호대교가 놓인 데 이어 지하철 3호선이 개통(1985. 10)되면서 압구정동은 교통요지가 되었다.

1980년대 중반 명동에서 이주한 고급 디자이너숍과 카페가 자리잡으면서 압구정동은 상류층 소비문화의 중심가로 번창하기 시작했다. 1990년대가 되자 갤러리아백화점 동관 앞에서 학동사거리로 이어지는 압구정동 로데오거리는 강남 상류층의 소비문화를 상징하는

갤러리아백화점 압구정점 명품 백화점의 대표격인 갤러리아백화점 명품관은 세계적으로 유명한 구찌, 발리, 베르사체, 조르지오 아르마니, 페라가모, 프라다 등 최고급 브랜드 매장이 자리하고 있다. ⓒ 갤러리아백화점

공간이었다.

이때부터 압구정동은 고급가구와 패션의류, 수입품과 외제차가 소비되고, 성형외과와 남성용 피부관리업소가 들어선 사치스러운 동네로 각인되었다. 오렌지족, 야타족, 여피족, 유학파 방학족, 서울대 귀족서클 등으로 불리는 젊은이들이 유흥문화를 향유하는 동네로 압구정동이 유명세를 타기 시작한 것도 이 무렵이다.

한마디로 말해 1990년대 압구정동 로데오거리는 '소비의 카니발'이 벌어지는 장소였고, X세대(오렌지족)가 사치와 향락을 즐기는 '욕망의 해방구'였다.

• 참고 문헌 •

- 강내희 외, 《압구정동: 유토피아 디스토피아》, 현실문화연구, 1992년
- 강준만, 《강남, 낯선 대한민국의 자화상》, 인물과사상사, 2006년
- 강준만, 《한국 현대사 산책》1990년대편1, 인물과사상사, 2006년
- 류보선 외, 《서울의 인문학》, 창비, 2016년
- 박해천, 《아파트 게임》, 휴머니스트, 2013년
- 손정목, 《한국 도시 60년의 이야기》2, 한울, 2005년
- 유 하, 《바람부는 날이면 압구정동에 가야 한다》, 문학과지성사, 1991년
- 이영민, '서울 강남의 사회적 구성과 정체성의 정치', 《한국도시지리학회지》9-1, 2006년
- 이재원, '시대유감, 1996년 그들이 세상을 지배했을 때－신세대, 서태지, X세대', 《문화과학》통권 62호, 2010년 여름

2

성수대교의 붕괴,
강남과 강북의 단절

1994년은 커다란 사건사고로 얼룩진 해였다. 그해 1월 4일 경북 달성 취수장 수돗물에서 악취가 나면서 시작된 낙동강 식수 오염사고는 1월 6일 경남 마산의 수돗물에서, 1월 8일 부산의 수돗물에서 악취가 발생하는 사고로 이어졌다. 석 달 뒤인 4월 12일에는 전남 목포의 몽탄 정수처리장 상류에서 물고기 수천 마리가 폐사하는 오염사고가 발생하여 국민들을 불안케 했다.

그해 5월 19일 새벽 0시 무렵, 서울 강남에서 자신의 아버지와 어머니를 끔찍하게 살해한 뒤 집에 불을 지른 사건이 발생했다. 사건을 저지른 박한상은 100억 원대 재산을 상속받기 위해 자신의 부모를 끔찍하게 살해하는 패륜을 저질렀다. 믿을 수 없는 사건의 전모가 드러나자 사람들은 큰 충격에 휩싸였다.

그해 7월 10일과 11일 서울의 기온은 34도를 기록했다. 일주일 가량 주춤했던 더위는 7월 18일부터 29일까지 12일 동안 34도를 웃돌았

'김일성 사망' 동아일보 호외 커다란 사건사고로 얼룩진 1994년 7월 8일 북한 주석 김일성
이 사망했다. 대한민국역사박물관 전시 자료 촬영 ⓒ 전상봉

고, 7월 23일 38.2도, 7월 24일 38.4도를 기록하며 정점을 찍었다. 기
상 관측 사상 최고의 무더위가 전국을 달군 1994년 여름, 북한의 절대
권력자 김일성이 사망했다. 대통령 김영삼과 남북정상회담을 앞두
고 있던 7월 8일 김일성의 갑작스러운 사망 소식이 전해지자 큰 파장
이 일었다. 민주당 국회의원 이부영이 국회 정보위에서 정부 차원에
서 조문단을 파견할 의향이 없는지 질의하자 민자당과 보수언론은
이를 빌미로 한바탕 조문 논쟁을 일으켰다. 추석을 하루 앞둔 9월 19
일 지존파 조직원 5명이 검거되었다. 지존파 일당은 사회 불만과 부
자에 대한 증오심으로 무고한 시민들을 납치 살해하는 연쇄살인사건
을 저질렀다. 이들은 아지트에 창살 감옥과 시체 소각시설을 만들어
놓는가 하면, 사체를 토막 내서 인육을 먹는 엽기적인 연쇄살인 행각
을 벌여 온 나라를 충격에 빠뜨렸다.

그해 세밑을 얼마 남겨두지 않았던 12월 7일 서울 마포구 아현동에
서는 가스폭발사고가 발생했다. 사고는 서울 지하철 5호선 건설공사

정도 600년 기념 조형물 제막식 조선을 건국한 태조 이성계가 한양으로 천도한 때로부터 600년이 되는 1994년을 앞두고 서울시는 대대적인 기념행사를 벌였다. 사진은 이원종 서울시장(가운데)이 참석한 가운데 열린 정도 600년 기념 조형물 제막식 모습이다. 서울도서관에 전시된 사진을 촬영했다. ⓒ 전상봉

를 하던 중 가스 저장소의 가스관을 잘못 건드려 일어났다. 마치 폭탄이 투하된 것처럼 사고 현장은 처참하기 이를 데 없었다. 이날 사고로 12명이 사망하고 60여 명이 다쳤으며 이재민 600여 명이 발생했다.

서울 정도 600년

1994년은 태조 이성계가 한양에 도읍한 지 600년이 되는 해였다. 조선을 건국한 이성계는 1394년 8월 도읍지로 한양을 낙점하고, 그

서울 1000년 타임캡슐 남산한옥마을에 매설된 서울 1000년 타임캡슐에는 당시의 시민생활과 서울의 모습을 살펴볼 수 있는 기저귀, 담배(88라이트), 팬티스타킹, 워드프로세서(아래아한글 2.5), 피임 기구, 인공심장, 상품권, 무선 전화기, 화투, 각종 복권, 삐삐, 버스 토큰, 휴대폰, 콘택트렌즈, 차량 번호판(서울 2두1285, 서울 8바7662) 같은 물품 600점이 담겨 있다. ⓒ 전상봉

해 10월 25일 개경을 떠나 10월 28일 한양에 이르렀다. 한양에 도착한 이성계는 가장 먼저 종묘와 사직을 짓고, 법궁인 경복궁을 건설한 다음 한양도성을 쌓았다.

서울시는 1993년부터 대대적인 정도(定都) 600주년 기념사업을 추진했다. '서울, 그 새로운 탄생'이라는 모토 아래 '정도 600년사업특별위원회'를 결성하는 한편, 그해 11월 29일 세종문화회관에서 '서울 6백년 자료전'을 개최했다. 또한 경희궁 터에서는 서울역사박물관 건설을 위한 기공식이 열렸다.

'서울 1000년 타임캡슐' 매설 행사는 시민들의 관심을 불러일으킨 사업이었다. 1994년 11월 29일 남산한옥마을에 매설된 '서울 1000년 타임캡슐'은 보신각종을 본떠 높이 1.7m, 직경 1.3m 크기로 만들어졌다. '1994년 서울의 인간과 도시'라는 주제로 물품 600점을 담은 타임캡슐은 정도 1000년이 되는 2394년 개봉될 예정이다.

8·15 해방과 한국전쟁, 그리고 경제개발이라는 격동의 세월을 거치면서 서울은 폭증하는 인구를 수용하기 위해 몸부림친 도시이다. 정도 600년 행사는 부수고 짓는 데 골몰했던 서울의 과거와 현재를 성찰하는 계기였다. 동시에 경제성장과 민주화라는 성과 속에 치러진 정도 600년 행사는 서울의 역사적 가치와 인문학적 탐색을 시작한 하나의 출발점이기도 했다.

역설적이게도 정도 600년 행사는 수도 서울의 역사를 한성백제(위례성)로 소급하게 되는 계기이기도 했다. 서울시가 정도 600년 사업을 추진하자 일부 학자들은 수도 서울의 역사는 2000년이라는 반론을 펼쳤다. 그 뒤 1997년 송파구 풍납동에 위치한 풍납토성에서 한성백제 유적과 유물이 쏟아져 나오면서 수도 서울의 역사는 600년이 아닌 2,000년으로 공인받게 되었다.

운명의 날, 1994년 10월 21일

정도 600년 기념일을 일 주일 앞둔 1994년 10월 21일, 충격적인 사고가 일어났다. 그날 아침 7시 40분 무렵 성수대교 10번과 11번 교각을 잇는 상판 48m가 무너진 것이다. 다리가 무너지면서 그 위를 달리던 승합차 1대와 승용차 2대가 상판과 함께 추락했고, 또 다른 승용차

붕괴된 성수대교 성수대교 붕괴는 한국 사회에 만연한 부정부패의 심각성을 알린 사건이다. 이 사건을 계기로 부정부패 척결과 안전 문제가 국민적 관심사로 떠올랐다. 서울도서관 3층 전시실 사진을 촬영했다. © 전상봉

2대는 물속으로 떨어졌다.

인명피해가 커진 것은 다리 위를 달리던 한성운수 소속 16번 시내버스가 추락하면서다. 다리 상판이 떨어져 나간 지점에 걸려 있던 16번 버스는 차체가 뒤집히면서 상판 위로 추락, 다수의 인명피해가 났다. 차체가 심하게 찌그러지면서 버스에 타고 있던 승객 대부분이 목숨을 잃었다. 버스 추락으로 사망한 사람은 24명으로, 그중에는 무학여고 학생 8명과 무학여중 학생 1명이 포함되어 있었다.

이날 사고로 총 32명이 사망하고, 17명이 부상당했다. 도무지 상상할 수 없는 사고가 일어나자 국무총리 이영덕이 사임했고, 서울시장

이원종은 경질되었다. 그리고 사흘 뒤인 10월 24일 대통령 김영삼은 특별담화문을 발표하고 국민들에게 사과했다.

성수대교는 1970년대 영동신도시개발에 따른 서울 동부권의 균형발전과 강남을 부도심권으로 육성하기 위한 목적으로 1977년 4월 착공해서 1979년 10월 16일 준공되었다. 길이 1,161m, 너비 19.4m의 4차선(그 뒤 8차선으로 확장)으로 건설된 성수대교는 서울 성동구 성수동과 강남구 압구정동을 잇는 다리이다.

성수대교는 교량의 기능에 더해 외관에도 신경을 쓴 첫번째 다리이기도 했다. 성수대교 이전에 세워진 교량들은 공법이나 구조상의 특징보다는 기능과 건설비를 줄이는 데 급급했다. 그에 비해 성수대

교는 외관의 조형미를 고려하여 콘크리트 교각 위에 건설용 강철인 강재로 구성된 상부 트러스를 얹어 만들었다.

성수대교는 이전에 건설된 교량에 비해 교각과 교각 사이가 넓었고, 다리 남단과 북단을 연결하는 진출입로가 입체적으로 구성되었다. 여기에 더해 주변 환경과 조화를 위해 당시로서는 파격적인 파란색으로 도색되었다.

그런데 문제는 기술력이었다. 당시 기술력으로는 트러스 구조물을 완벽하게 시공할 수 없었다. 시공 능력이 없는 상태에서 상부 트러스 철골 구조물은 허술하게 설치되었고, 차량의 하중을 분산시키는 이음새 또한 부실하게 연결되었다. 결과적으로 외관에 신경을 쓴 성수대교의 트러스 공법이 사고를 일으킨 주된 원인이 되었다.

군사작전을 펼치듯 완공 기한을 맞추기 위해 무리하게 강행한 공사도 사고를 부추긴 또 다른 원인이었다. 게다가 훗날의 교통 수요를 적절히 예상하지도 못했다. 성수대교가 개통될 당시 12만 3,000대였던 서울시내 차량은 사고가 난 1994년에 이르면 190여 만 대로 증가했다. 특히 1980년대 말 노원구 상계동에 대규모 아파트 단지가 들어서면서 성수대교의 교통량은 엄청나게 늘어났다.

여기에 더해 통행 허용한도인 32.4톤을 초과하는 과적차량이 오가면서 하중이 더해졌다. 과적차량이 증가하는 상황에서 다리 안전을 관리하는 시스템은 아예 작동하지 않았다. 그 결과 피로 균열이 발생하여 다리 상판이 붕괴하는 실로 믿기지 않는 사고가 일어난 것이다.

강남과 강북의 단절

무고한 목숨 32명을 앗아간 성수대교 붕괴 사고는 대한민국의 부끄러운 이면을 있는 그대로 드러냈다. 또한 제대로 된 기술력이 밑받침되지 않은 채 부실공사로 지어진 건축물이 어떤 재난을 낳는지를 보여주는 비극적인 참사였다.

1994년 10월 21일, 성수대교는 삶과 죽음의 경계에 놓인 다리였다. 서울 성동구 성수동과 강남구 압구정동을 잇는 성수대교의 붕괴는 강남과 강북의 단절을 의미했다. 서울시가 1972년 2월 강남 개발을 촉진하기 위해 강북 도심을 특정시설 제한구역으로 지정하면서 강북은 노후화의 길을 걸었다. 그 결과 강북은 낙후된 곳이 되어 오랜 세월 누려왔던 정치, 경제, 사회, 문화의 중심지 역할마저 강남에 넘겨줬다.

강남과 강북의 지위가 뒤바뀌자 강남·북 균형발전론이 대두되기 시작했다. 서울시는 강남과 강북의 격차를 완화할 목적으로 1990년 1월 강남·북 균형발전 종합대책을 발표했다. 강남·북 균형발전 종합대책의 주요내용은 △4대문 안 도심 및 부도심(신촌·청량리·영등포·영동·잠실) 등 58개 지구를 생활 권역별 자족성을 높이는 방향으로 개발, △4대문 안의 재개발지구의 건폐율을 강남과 동일하게 60%로 완화, △도심 내에 주거 복합건물, 액화 석유가스 판매·충전업소, 일반유흥업소, 위생업소 등의 신설과 이전에 대한 규제 완화, △강북 소재 고등학교의 강남 이전 금지 등이었다.

그러나 강남·북 균형발전 종합대책은 체계적으로 진행되지 못했다. 강북지역에 관련시설의 확충과 생활환경개선을 위한 관계 법령 정비, 그리고 서울시의 예산편성이 뒤따르지 않았기 때문이다. 그나마 실행된 것은 강북지역의 용적률 완화, 시설입지 제한완화, 도심재개발 시 주거복합 인센티브 제공에 불과했다.

강남과 강북의 격차가 한강보다 넓고 깊게 패여 있는 상황에서 서울시의 몇 가지 대책만으로 균형발전이 실현될 리 만무했다. 강남·북의 격차가 현저해지는 상황에서 발생한 성수대교 붕괴 사고는 강남과 강북의 단절을 상징적으로 보여 주었다. 이날 사고 이후 한강의 남쪽을 의미하는 강남은 사라졌다. 대신 경제적 부와 권력과 특권을 상징하는 강남이 등장했다. 그런 의미에서 성수대교 붕괴사고는 강남과 강북의 넘나들 수 없는 격차를 드러내 보인 상징적인 사건이었다.

성수대교 사고 희생자 위령비

성수대교 붕괴사고가 발생한 지 3년이 지난 1997년 10월 21일 유가족들은 희생자를 기리고 사고의 재발 방지를 염원하면서 '성수대교 사고 희생자 위령비'를 세웠다. 위령비는 성수대교 북단 강변북로와 동부간선도로가 복잡하게 얽혀 있는 도로 사이에 위치하고 있다. 마치 고립된 섬처럼 외롭게 서 있는 위령비는 승용차를 이용하지 않으면 접근 자체가 불가능하다. 승용차를 이용하더라도 도로 옆 주차장에 주차하기도 쉽지 않다. 간신히 주차한 다음 차에서 내려 다시 차들이 꼬리를 물고 오가는 도로를 건너야만 접근할 수 있다. 어렵게 다다른 '성수대교 사고 희생자 위령비'에는 무학여고 교사인 변세화 시인이 지은 〈영전에 바치는 시〉가 새겨져 있다.

> 갑술년 시월 스무하룻날 7시 30분 끝 즈음
> 비 아침 서둘러 나선 등교 길 출근 길에
> 분하고 원통할서, 비명에 가신이들 애닳다
> 부실했던 양심탓이로다, 옷깃 새로이 여미고서
> 다리 다시 열어 신세기를 기약한 날에도
> 설운지고, 서른두 목숨 돌아올 줄 모르니
> 맘 놓고 명복을 빌고도 꽃 던지며 목을 놓다
> 여기 통한의 다리 곁, 이 증언의 강 언덕에
> 오늘 부끄러이 조촐한 돌 하나 세워 비오니
> 님들의 크신 희생 오랜 날 깨우침 되오리니

구천의 영령들이시어 부디 고이 잠드소서

아직도 눈먼 자, 여기 와 새 다짐 불지피라.

저 강물 무심치만 우리 가슴 아리우는 넋이여.

때로 너무 무르고 눈부시게 서러운 날에는

이슬 맺힌 한 떨기 풀꽃으로 피어나소서.

더러는 날개 푸른 물새 되어 쉬다 가소서.

― 〈영전에 바치는 시〉 전문(全文)

성수대교 사고 희생자 위령비 1997년 10월 21일 유가족들은 희생자를 기리고 사고의 재발
방지를 염원하면서 '성수대교 사고 희생자 위령비'를 세웠다. ⓒ 전상봉

• 참고 문헌 •

- 서울특별시,《서울 6백년사》, 1994년
- 안창모,《강남개발과 강북의 탄생과정 고찰》, 서울학연구 제4권, 2010년 10월
- 손정목,《한국 도시 60년의 이야기》 2, 한울, 2005년
- 전상봉, '성수대교 붕괴 20년, 그때는 이럴 줄 몰랐다', 오마이뉴스, 2014. 10. 20.
- 홍성태,《생태문화도시 서울을 찾아서》, 현실문화연구, 2011년

3

강남공화국의 부끄러운 민낯,
삼풍백화점 붕괴

> 백화점이 하나 들어오면 아파트 시세는 껑충 뛴다. 반대로 아파트 주민
> 들은 백화점에 가서 돈을 써댄다. 자기네 집값 올려준 생명의 은인인데
> 뭔들 갖다 못 바치랴. 거대한 소비 상업 구도가 방구석에서부터 도시
> 중심에 이르기까지 종합선물세트처럼 우리를 공고히 지배하고 있다.
> 이런 물신의 지배를 단군 이래 가난에서 벗어나게 해준 은인이라며 마
> 음으로 섬기는 것이 우리의 자화상이다.
>
> — 임석재,《건축, 우리의 자화상》, 82~83쪽

1980년대 이래 대규모 아파트 단지와 백화점은 부동산투기와 소비
문화가 맞물린 공생관계였다. 아파트 입주민 입장에서는 백화점이
집값을 올려주는 호재였고, 백화점 쪽에서 보면 아파트 단지에 밀집
된 입주민은 관리하기 용이한 고객이었다.

강남에 백화점 시대가 개막된 것은 1979년 9월 압구정동에 한양쇼

현대백화점 압구정점 현대백화점은 1971년 설립된 금강개발산업(주)을 모체로 설립되었다. 1999년 현대그룹에서 계열분리한 현대백화점은 백화점과 아울렛, 복합 쇼핑몰을 운영하고 있다. 서울도서관 3층 전시실 사진을 촬영했다. ⓒ 전상봉

핑센터가 문을 열면서다. 그 뒤 1980년 12월 반포동에 뉴코아백화점이, 1985년에는 압구정동 현대백화점과 도곡동 그랜드백화점이 개관했다. 1988년 9월 삼성동에 문을 연 현대백화점 무역센터점은 대규모 문화센터와 금융, 부동산, 여행 같은 정보를 제공하는 정보센터를 운영하면서 백화점 영업의 새 장을 열었다.

재벌들에게 백화점은 '황금 알을 낳는 거위'였다. 무엇보다 높은 현금 수익이 재벌들을 매료시켰다. 1988년 전국 26개 백화점의 총매출액은 1조 8,316억 원을 기록, 전년도에 비해 40.4% 증가한 신장세를 보였다. 1989년 주요 백화점의 총매출액을 살펴보면 롯데 5,868억 원, 신세계 3,187억 원, 현대 1,714억 원, 미도파 1,084억 원이었다.

재벌들이 백화점 사업에 뛰어든 또 다른 이유는 부동산 투자를 통해 큰 재미를 볼 수 있었기 때문이다. 재벌들은 백화점 영업으로 벌

어들인 자본을 밑천으로 부동산을 사들여 엄청난 시세 차익을 남겼다. 백화점협회가 전국 26개 백화점을 대상으로 분석한 '백화점 업계의 자산변화'에 따르면 1988년 백화점 총자산은 1조 6,359억원으로 전년도에 비해 52.5% 증가했다. 재벌들에게 백화점 사업은 "가장 적은 세금을 내면서 가장 값비싼 땅을 보유하고 또 가장 높은 수익을 올릴 수 있는 훌륭한 재산 증식의 수단"이었던 것이다.

비리와 부실로 지은 삼풍백화점

1989년 12월 1일 서초구 서초동에 삼풍백화점이 문을 열었다. 지상 5층, 지하 4층으로 지어진 삼풍백화점의 매출액은 1992년 937억 원, 1993년 1,188억 원, 1994년 1,646억 원으로 전국 백화점 순위 7위에 해당했다. 강남 부유층 주부들을 대상으로 수입 의류와 호화 가구 같은 고가 제품을 판매하는 삼풍백화점은 강남의 명품백화점으로 이름이 자자했다.

삼풍백화점은 탐욕과 비리가 얽힌 복마전의 산물이었다. 본디 삼풍백화점이 건설된 부지는 아파트 지구로 묶여 있어 신축 허가를 받을 수 없는 곳이었다. 그런데 1986년 5월 건설 예정 부지가 지구 중심 지역으로 용도 변경되면서 신축이 가능해졌다. 당시 항간에는 부지 용도 변경에 대해 삼풍그룹이 뇌물을 주고 관계자들을 매수했을 것이라는 추측이 나돌았다.

삼풍백화점 건설공사는 1987년 9월에 시작되었다. 설계와 감리사

처참한 삼풍백화점 붕괴 현장 삼풍백화점 참사를 계기로 김영삼 정부는 재난관리법을 제정(1995. 7)하고 재난관리체계를 법제화하는 한편, 지방자치단체에 재난전담조직을 신설하도록 했다. 이에 따라 중앙119구조대가 서울, 부산, 광주에 신설되었다. ⓒ 전상봉

는 우원건축이었고, 시공사는 우성건설이었다. 애초 삼풍백화점은 지상 4층에 지하 4층으로 설계되었다. 공사가 시작되자 삼풍 측은 매장을 한 평이라도 늘리기 위해 끊임없이 설계변경을 요구했다. 급기야 삼풍 측은 4층으로 설계되었던 건물구조를 바꿔 5층까지 매장으로 만들어 달라고 요구했다.

건디다 못한 우성건설은 1989년 1월 시공권을 삼풍건설에 넘겼다. 삼풍그룹 계열사인 삼풍건설이 시공사로 참여하면서 건물은 5층으로 설계가 변경되었다. 관계 전문가의 검토를 거치지 않은 불법적인 설계 변경이었다.

우여곡절 끝에 1989년 11월 삼풍백화점이 완공되었다. 애초 설계와 달리 지어진 건물에 준공 승인이 날 리 없었다. 준공 승인을 받기가 여의치 않자 삼풍은 '가사용 승인'이라는 편법으로 1989년 12월 1일 백화점을 개장했고, 준공 승인은 9개월이 지나서야 받을 수 있었다.

개관 뒤에도 매장 확대를 위한 건물 구조변경은 계속되었다. 공간을 넓히기 위해서 수시로 벽을 헐었고, 설계에 없던 에스컬레이터를 설치하기 위해 각층 바닥을 뚫었다. 그 결과 삼풍백화점의 안정성은 더욱 취약해졌다. 증축과 구조 변경에 따른 처벌은 벌금 몇 푼을 내면 그만이었고, 뇌물로 담당 공무원들의 입을 틀어막았다.

총체적인 비리와 불법 위에 지어진 건물이 멀쩡할 리 없었다. 삼풍백화점은 개장한 순간부터 서서히 무너지기 시작했다. 개장 직후부터 원인 모를 미세한 진동이 발생했고, 천정에서 물이 새는 등 위험 징후가 나타났다. 그러나 회장 이준을 비롯한 삼풍백화점 경영진은 돈벌이에만 몰두할 뿐 고객의 안전에는 관심 밖의 일이었다.

탐욕 위에 쌓은 허망한 붕괴

1995년 6월 29일 목요일 오후 5시 57분, 삼풍백화점이 무너졌다. 붕괴의 조짐은 두 달 전부터 감지되었다. 1995년 4월 삼풍백화점 A동(북관) 5층 천장에 금이 가기 시작했다. 한 달 뒤인 5월 균열은 더욱 심해졌다. 심상치 않은 징후가 나타나자 삼풍백화점 측은 기본적인 안전검사를 실시했고, 결과는 건물 붕괴의 위험성이 있다는 것이었다. 이쯤 되면 건물을 폐쇄하고 정밀한 진단과 후속대책을 세우는 것이 상식적인 조치였다. 그러나 탐욕에 눈이 먼 삼풍백화점 회장 이준은 이를 무시하고 돈벌이에만 몰두했다.

사고 하루 전인 6월 28일 삼풍백화점 A동 옥상에 펀칭현상이 일어났다. 무게를 이기지 못한 옥상 바닥이 기둥과 분리되면서 천천히 내려앉기 시작한 것이다. 그리고 운명의 6월 29일이 밝았다. 아침 8시 붕괴조짐은 곳곳에서 발견되었다. 5층 식당가 천장에서 물이 쏟아지는가 하면, 바닥이 주저앉으면서 식탁이 기울어지고 주방 조리대가 넘어졌다. 불길한 징후를 보고 받은 회장 이준과 사장 이한상은 균열이 발생한 현장을 통제하고 고객들에게 이 사실이 알려지지 않도록 숨기기에 바빴다.

오후 2시, 회장 이준을 비롯한 임원 11명이 참석한 대책회의가 열렸다. 이 자리에서 경비조장 김종철이 5층이 무너질 것 같다고 말하자 전무 이격이 힐책하면서 경비원 보안유지 교육을 지시했다. 백화점은 정상영업을 하고 날이 어두워지면 보수공사를 한다는 결정이 내려졌다. 회의를 마친 다음, 사장 이한상은 5층으로 올라가 문제의 현장을 손님들이 보지 못하도록 가리라고 지시했다. 참사를 막을 마지막 골든타임은 그렇게 속절없이 흘러갔다.

오후 5시40분, 현장을 점검하던 시설부장 이영철이 대책회의장에 전화를 걸어 "붕괴가 진행되는 것 같다"고 보고했다. 이준과 이한상을 비롯한 경영진은 안내방송도 하지 않은 채 황급히 백화점을 빠져나갔다. 건물을 빠져나간 이들이 무전기로 내린 마지막 지시는 '빨리 물건을 밖으로 옮기라!'였다.

붕괴 현장을 방문한 조순 서울시장 조순 서울시장은 삼풍백화점 붕괴 사고 직후인 7월 1일 민선 1기 시장으로 취임했다. 서울도서관 3층 전시실 사진을 촬영했다. ⓒ 전상봉

오후 5시57분, 삼풍백화점 A동 옥상이 요란한 파열음을 내면서 무너지기 시작했다. 지은 지 만 6년이 되지 않은 지상 5층, 지하 4층 건물이 폭삭 주저앉는 데 걸린 시간은 단 20초에 불과했다.

붕괴 순간 굉음과 강풍이 일면서 먼지와 파편이 허공으로 튀었다. 사고 현장은 아비규환이었다. 건물 잔해더미 속에서 구조를 요청하는 사람들이 아우성쳤고, 피투성이가 된 부상자들의 비명과 신음소리가 가득했다. 사람들의 생사가 엇갈리는 참사의 순간, 건물 잔해를 뒤적이며 백화점 상품을 훔치는 사람도 목격되었다.

사고 현장은 지옥이었다. 붕괴 사고로 502명이 죽었고, 6명이 실종되었으며 937명이 다쳤다. 사망자를 성별로 살펴보면 여성이 396명, 남성이 106명이었다. 연령별로는 21~30세가 258명, 31~40세가 80명,

11~20세가 71명, 10세 미만의 아동이 14명이었다. 삼풍백화점 붕괴 사고는 한국전쟁 이래 가장 많은 인명피해(1,445명)가 난 기록적인 참사였다.

강남공화국의 부끄러운 민낯

> 여보쇼. 무너진다는 것은 다시 말해서 손님들에게도 피해가 가지만, 우리 회사의 재산도 망가지는 거야.

붕괴 사고 이틀 뒤인 7월 1일 서초경찰서에 출두한 이준은 기자들을 향해 이렇게 내뱉었다. 그 순간 일제의 밀정이었고, 중앙정보부의 창설 멤버로 돈의 단맛에 중독된 그의 이력이 얼굴을 스쳤다.

삼풍백화점의 붕괴는 설계, 지반공사, 시공, 감리, 설계변경, 가사용, 준공검사, 증축과정에서 누적된 비리와 부실이 빚어낸 결과였다. 국민들의 분노와 질타가 쏟아지는 가운데 붕괴 사고의 책임을 물어 25명이 구속되었다. 이들의 혐의는 업무상 과실치사, 업무상 횡령, 뇌물공여 및 뇌물수수, 허위공문서 작성 등 다양했다. 회장 이준에게는 업무상 과실치사, 뇌물공여 등의 혐의가 적용되었다.

해가 바뀐 1996년 8월 23일 피고인들에 대해 대법원은 확정판결을 내렸다. 삼풍그룹 회장 이준은 업무상 과실치사죄 등이 적용되어 징역 7년6월이 확정되었다. 2심에서 징역 7년형을 받은 사장 이한상은 상고를 포기하여 이미 형이 확정된 상태였다. 뇌물을 받고 삼풍백화점의 설계변경을 승인해 준 전 서초구청장 이충우와 황철민에게는 뇌물수수죄가 적용되었다. 이충우에게는 징역 3년에 추징금 1,300만 원이, 황철민에게는 징역 2년6월에 추징금 1,200만 원이 선고되었다.

삼풍백화점 붕괴는 국민들에게 지울 수 없는 상처를 남겼다. 김영삼 정부 아래 연이어 발생한 대형참사로 국민들의 공포와 불안감은 커질 대로 커진 상태였다. 이런 가운데 김영삼 정부는 1980~1990년 대 초반에 지어진 건물들에 대한 안전진단을 실시했다. 진단 결과 안 전한 건물은 2%에 불과했고, 나머지 건물 대부분은 보완공사가 필요 한 것으로 나타났다.

2003년 4월 삼풍백화점 회장 이준이 7년6월의 형기를 마치고 출소 했다. 당뇨와 고혈압, 신장병으로 투병 중이던 그는 출소 뒤 6개월이 지난 2003년 10월 사망했다. 탐욕에 눈이 멀어 돈벌이에 혈안이 된 그의 삶은 그렇게 끝났다.

이준의 둘째아들 이한상은 2002년 10월 출소 뒤 언론과의 인터뷰 에서 '삼풍 사고가 영적인 전쟁의 한 사건'이라면서 "저와 함께 고난 을 받으신 많은 분들의 고난과 헌신이 귀하게 쓰여 하나님 이루시는 일에 진보가 있다면 감사할 뿐"이라고 했다. 수많은 사람들을 죽음 으로 몰아넣고도 진정어린 반성과 사과가 없는 그의 넋두리는 악마 의 주술과도 같았다.

삼풍백화점 붕괴 참사는 돈을 위해서라면 시민의 안전과 목숨은 간단히 외면되고 마는 대한민국의 극단적인 단면을 보여줬다. 동시 에 강남이라는 돈과 권력의 성채가 얼마나 허망한 탐욕 위에 지어졌 는지를 드러낸 강남공화국의 부끄러운 민낯이었다.

삼풍참사 위령탑

삼풍참사 위령탑 서울 서초구 양재동 시민의숲에 위치한 삼풍참사 위령탑은 삼풍참사 3주
기를 앞둔 1998년 6월 27일 세워졌다 ⓒ 전상봉

　서울시는 1996년 11월 삼풍백화점 부지 약 2만 2,700㎡를 공개입찰로
대상그룹에 매각(2,052억 원)했다. 참사가 발생한 지 9년이 지난 2004년
삼풍백화점 자리에는 주상복합 아파트가 건설되었다. 이로써 한국전쟁
이후 가장 큰 인명 피해가 난 참사 현장은 아무렇지도 않은 듯 그 어떤
흔적도 찾을 수 없게 되었다. 9·11테러로 붕괴된 뉴욕의 세계무역센터
부지에 프리덤타워와 희생자들을 추모하는 박물관이 세워진 사례와 비
교해 보면 대한민국은 재난사고의 사후관리 또한 후진적이다.

　서초구 양재동 시민의숲에는 삼풍백화점 붕괴로 유명을 달리한 희생
자들을 기리는 '삼풍참사 위령탑'이 있다. 희생자를 추모하기 위한 위령
탑은 자본의 논리로 인해 참사 현장에 세워지지 못하고, 서초구 변두리
에 위치한 시민의숲에 1998년 6월 27일 건립되었다. 두 손을 모은 모습
의 위령탑에는 김문수 교수가 쓴 추모시〈기원(祈願)〉이 새겨져 있다.

우리들의 눈과 눈에는
잃어버린 사랑들이 아직도 생생하다
부실과 모순과 부정의 분출로 희생된
이제는 가족사진 속의 미소로만 남은
잃어버린 사랑들이 생생하다
우리들의 눈과 눈에는

우리들의 귀와 귀에는
허공에 흩어진 목소리들로 가득하다
매장과 진열장, 에스컬레이터를 오르내리던
이제는 떠나보낸 이들의 가슴 속에만 아스라한
먼먼 목소리들만이 가득하다
우리들의 귀와 귀에는

우리들의 가슴과 가슴에는
찢기고 뽑긴 살과 피로 충만하다
그 원혼들을 달랠 길 없는 분노와 허망
이제는 악몽의 흙더미를 뚫고 풀꽃은 피고
통곡을 멈추고 걸어갈 새 길이 난다,
우리들 가슴과 가슴에.

우리들 손과 손으로
갓 일군 화전의 잿가루와도 같이
죽음으로 갈라놓은 암흑의 공백을 새 기름으로 불사뤄
이제는 쓰린 어제와 오늘이 밝은 내일이기를
경건한 기원으로 합장한다,
우리들의 손과 손으로.

─〈기원(祈願)〉전문(全文)

• 참고 문헌 •

- 강준만,《강남, 낯선 대한민국의 자화상》, 인물과사상사, 2006년

- 유인학,《한국 재벌의 해부》, 풀빛, 1991년

- 임석재,《건축, 우리의 자화상》, 인물과사상사, 2005년

- 서울문화재단 기획,《1995년 서울, 삼풍》, 동아시아, 2016년

- 손정목,《한국 도시 60년의 이야기》2, 한울, 2005년

- 전상봉, ‘삼풍백화점 붕괴 20년, 반복되는 참사 고리 끊어야’, 오마이뉴스,
  2015. 6. 29.

4

보수의 온상이 된 강남

한때 여촌야도(與村野都)는 한국의 정치지형을 함축하는 말이었다. 농촌에서는 여당이 우세하고 도시에서는 야당세가 강하다는 의미의 여촌야도 현상은 제4대 총선(1958. 5. 2) 때 처음 등장했다. 당시 선거 결과 여당인 자유당은 농촌에서 우세를 보인 반면, 야당인 민주당은 대도시에서 압승을 거뒀다. 선거구가 16곳이던 서울의 경우 민주당이 14석, 자유당이 1석(서대문을)을 차지했고, 선거구가 10곳이던 부산에서는 민주당이 7석, 자유당이 3석을 확보했다.

여촌야도 현상은 한국 사회의 변화를 반영한 것이었다. 1950년대 한국 사회는 높은 교육열을 바탕으로 초등학교 취학률이 90%를 넘어섰고 중·고등학교 또한 대폭 신설되었다. 공교육 체계가 확대되는 가운데 미국식 자유민주주의가 급속하게 유입되면서 대도시를 중심으로 야당을 선호하는 정치 성향이 형성되었다.

여촌야도 현상의 또 다른 배경은 양당 구조의 정립이었다. 한국전

제7대 대선에 출마한 김대중 후보
당시 대선에서 '40대 기수론'을 앞세운 신민당 김대중 후보는 향토예비군 폐지, 노동자·자본가 공동위원회 구성, 비정치적 남북교류, 한반도 평화를 위한 4대국 안전보장안 등의 혁신적인 공약으로 박정희 후보의 안보논리와 경제성장론을 비판하였다. 김대중도서관에 전시된 사진을 촬영했다. ⓒ 전상봉

쟁이 한창이던 1951년 12월, 대통령 이승만을 당수로 하는 자유당이 창당된 데 이어 1955년 9월 신익희를 대표로 하는 민주당이 창당되었다. 이로써 여당인 자유당과 야당인 민주당이라는 양당 체제가 형성되면서 여촌야도(與村野都) 현상이 나타날 수 있었다.

양당 체제가 정립되기 전까지 정당 정치의 토대는 매우 취약했다. 그 결과 무소속 후보들이 대거 당선되어 국회에 진출했다. 제헌의회 선거(1948. 5. 10)의 경우 국회의원 200명 가운데 85명이 무소속이었고, 2대 총선(1950. 5. 30)에서는 210명 가운데 126명이 무소속으로 당선되었다. 한국전쟁 직후 치러진 3대(1954. 5. 20) 총선에서도 202명 가운데 67명이 무소속으로 당선될 정도로 정당 정치의 토대는 허약했다. 그러나 양당 체제가 구축되면서 선거 결과는 사뭇 달라졌다.

제4대 총선 결과 전체 국회의원 233명 가운데 정당 소속이 207명(자유당 126명, 민주당 80명, 통일당 1명)이었고 무소속은 26명에 지나지 않았다.

여촌야도 현상에 더해 지역구도가 처음 등장한 선거는 제7대 대선 (1971. 4. 27)이다. '40대 기수론'을 앞세운 신민당의 김대중 후보는 향토예비군 폐지, 대중경제론, 4대국(미·일·중·소) 안전보장론과 3단계 통일론 등의 혁신적인 공약으로 돌풍을 일으켰다. 이에 위기의식을 느낀 공화당의 박정희 후보는 색깔론과 함께 영호남 지역감정을 부추겼다. 그 결과 영남과 호남이라는 지역구도가 한국 정치를 지배하기 시작했다.

3당 합당과 강남의 정치지형

1987년 12월 16일 6월항쟁의 성과로 16년 만에 국민들이 직접 대통령을 선출하는 선거가 실시되었다. 민주정부 수립의 열망 속에 치러진 13대 대선은 양김(김영삼, 김대중)의 분열로 군부독재가 연장되는 결과를 초래했다. 1노 3김(노태우, 김영삼, 김대중, 김종필)의 4파전으로 치러진 선거 결과 노태우 후보가 36.6%의 득표율로 대통령에 당선되었다.

대선 패배 이후 4개월 만에 13대 총선(1988. 4. 26)이 치러졌다. 선거 결과 전체 299석 가운데 민정당(민주정의당)이 125석, 평민당(평화민주당)이 70석, 민주당(통일민주당)이 59석, 공화당(신민주공화당)이 35석,

양김의 분열 1987년 12월 16일 민주정부 수립의 열망 속에 치러진 13대 대선에서 양김(김영삼, 김대중)의 분열로 노태우 정부가 탄생하면서 강남의 정치적 보수화가 고착되었다. 종로구에 위치한 선거연수원 외벽에 그려진 포스터를 촬영했다. ⓒ 전상봉

무소속이 9석, 한겨레민주당이 1석을 차지하면서 헌정사상 최초로 여소야대(與小野大) 정국이 조성되었다.

13대 총선의 또 다른 특징은 지역구도의 심화였다. 노태우의 민정당은 대구·경북에서, 김대중의 평민당은 호남에서, 김영삼의 민주당은 부산·경남에서, 김종필의 공화당은 충청에서 압도적인 지지를 받으면서 지역분할구도가 만들어졌다. 지역분할구도 속에서 평민당은 호남과 서울의 지지세를 바탕으로 제1야당으로 부상했다. 반면 민주당은 전국 득표율 23.8%로 평민당 19.3%보다 앞섰지만 의석수에서 11석이나 적은 제2야당으로 전락했다.

여소야대 상황에서 국정운영에 부담을 느낀 대통령 노태우는 3당 합당을 추진했다. 제2야당으로 전락한 김영삼의 민주당은 정국을 반

전시키기 위해 3당 합당 제안을 받아들였다. 그 결과 1990년 1월 22일 노태우의 민정당, 김영삼의 민주당, 김종필의 공화당이 3당 합당을 선언했다.

유권자가 만든 여소야대의 정치지형은 거대 여당(민주자유당)과 군소 야당(평민당)으로 재편되었다. 3당 합당으로 탄생한 민자당은 대구·경북(민정당)과 부산·경남(민주당)이 결탁, 영남 패권을 결성하고 충청권(공화당)이 합세한 세력 재편이었다. 정치적으로는 보수세력이 민주세력을 포위하는 전략이었고, 지역적으로는 호남(평민당)을 고립시키는 전략이었다. 그 결과 6월항쟁의 주요거점인 부산·경남이 급격하게 보수화되어 정치인 노무현은 선거 때마다 패배의 쓴잔을 들어야 했다.

3당 합당으로 강남의 보수화는 가속화되었다. 1980년대만 하더라도 강남은 김영삼에 대한 지지가 높은 보수적 자유주의 성향을 띠었다. 중선거구제였던 12대 총선(1985. 2. 12)의 경우 강남구(강남, 서초)에서는 야당 후보(신민당 김형래, 민한당 이종재)가 당선되었고, 강동구(송파, 강동)에서는 야당인 신민당 김동규 후보와 여당인 민정당 정남 후보가 당선되었다. 소선거구제가 처음 도입된 13대 총선(1988. 4. 26) 결과 강남(강남, 서초, 송파)에서는 민주당 3석, 민정당 1석, 평민당 1석, 무소속 1석을 차지할 정도로 야당세가 강했다.

그러나 3당 합당 이후 치러진 14대 총선(1992. 3. 24) 때부터 양상이 달라지기 시작한다. 선거 결과 김대중의 민주당이 3석을 차지했고, 김덕룡(민자당), 박찬종(신정당), 김동길(국민당)이 당선되었다. 언뜻 보기에 야권 강세가 지속되는 듯하지만 선거 결과를 자세히 들여다

보면 강남의 보수화가 본격화되고 있음을 알 수 있다. 당시 민주당 후보가 당선된 지역은 송파갑(김희완), 송파을(김종완), 강남을(홍사덕)이었다. 송파구는 강남의 주변부이고, 강남을에서 당선된 홍사덕은 경북 영주가 고향인 보수성향의 후보였다.

1990년대 중반에 이르러 강남은 보수정치의 1번지로 탈바꿈했다. 15대 총선(1996. 4. 11) 결과 신한국당 5명, 새정치국민회의 1명, 무소속 1명이 당선되었다. 무소속 당선자는 강남을의 홍사덕 후보였고, 국민회의 김병태 후보는 서울의 동남쪽 끝자락에 위치한 송파병에서 당선되었다.

외환위기와 김대중 정부 아래 강남은 한나라당의 아성으로 굳어졌다. 16대 총선(2000. 4. 13)의 경우 시민단체들의 강력한 낙천낙선운동에도 불구하고 한나라당은 강남을 석권했다. 강남 6개 선거구에서 한나라당이 5석, 새천년민주당이 1석(송파 을 김성순)을 차지했다.

부동산 계급동맹

강남의 보수화는 원초적인 것이었다. 1975년 조사 결과에 따르면 강남구와 서초구에 전입한 이주민은 회사원이 40%로 가장 많았고, 공무원 16.4%, 상업 16.4%, 사업 10% 순이었다. 당시 서울시민 월평균 근로소득이 9만 2,000원인 데 비해 강남 이주민은 10~20만 원이 36.6%, 20만 원 이상이 17.7%로 고소득자가 많았다. 이들은 강남으로 이사를 하게 된 주된 이유로 쾌적한 환경(35.2%)과 지가상승의 기

제17대 대선에 출마한 이명박 후보
서울시장 재임 때 청계천 복원과 중앙
버스전용차로제 시행에 힘입어 이명박
후보는 대통령에 당선되었다. 그러나 선
거 기간 내내 한반도 대운하 공약과 747
공약에 대한 비판과 논란이 끊이지 않았
다. 종로구에 위치한 선거연수원 외벽에
그려진 포스터를 촬영했다. ⓒ 전상봉

대감(33.5%)을 꼽았다. 조사 결과에 반영되지는 않았지만 이즈음 도
심 명문고의 강남 이전은 강북 주민의 강남 이주를 촉진시킨 매개체
였다.

정치적 보수화를 의미하는 부동산 계급동맹은 1990년대 중후반을
거치면서 훨씬 더 굳건해졌다. 사상 초유의 탄핵사태 속에서 치러진
17대 총선(2004. 4. 15)에서도 한나라당의 강남벨트는 요지부동이었다.
당시 선거 결과 서울 48개 선거구 가운데 한나라당 후보는 16곳에 당
선되는 데 그쳤다. 그럼에도 강남에서는 한나라당 후보 6명이 당선되
었고, 과반의석을 차지한 열린우리당은 고작 송파병에서 당선자를 냈
을 뿐이다.

노무현 정부에 대한 민심이반이 극심한 상황에서 치러진 제4회 지
방선거(2006. 5. 31)와 17대 대선(2007. 12. 18)에서도 한나라당은 강남에

서 압승을 거뒀다. 2006년 지방선거 경우 서울시장은 물론 서울 25개 구청장을 한나라당이 석권할 정도로 보수화 열풍이 거셌다.

17대 대선에서 이명박 후보는 서울 평균 53.23% 득표율을 얻었다. 무소속 이회창 후보 득표율은 11.80%로 두 후보 지지율을 합치면 65.03%에 달했다. 보수성향의 이명박, 이회창 후보가 강남에 얻은 합산 득표율은 강남구 77.41%, 서초구 75.51%였다. 타워팰리스 단지 안에 설치된 투표소(강남구 도곡2동 4투표소)의 경우 이명박 후보가 86.4%, 이회창 후보가 8.3%를 득표했다.

2010년 6월 2일 실시된 서울시장 선거(5회 지방선거)는 강남의 위력을 극적으로 보여준 선거였다. 민주당 한명숙 후보는 개표 중반부터 한나라당 오세훈 후보를 줄곧 앞서나갔다. 판세가 뒤바뀐 것은 6월 3일 새벽 4시 무렵이었다. 개표기 고장으로 중단되었던 서초구의 개표가 재개되면서 오세훈 후보가 1위로 올라선 것이다. 최종 개표 결과 오세훈 후보는 19개 자치구에서 한명숙 후보에게 패하고도 강남 3구의 몰표(오세훈 39만 7,064표, 한명숙 27만 134표)에 힘입어 0.6%(2만 5,793표 차) 차이로 승리할 수 있었다.

강남의 정치 성향은 변화하고 있나

강남 3구는 대한민국의 보수정치를 상징한다. 대구·경북(TK)이 보수정치의 지역적 거점이라면 강남은 계급적 거점이다. 이런 연관관계 때문에 15대 총선부터 20대 총선까지 강남 3구에서 당선된 32명의 국회의원 출신지역을 살펴보면 영남이 15명으로 절반에 가깝다. 그 밖의 출신지역은 서울이 9명, 충청이 3명, 호남이 2명, 인천과 경기가 각 1명이다.

강남의 보수화가 고착된 1990년대 중반 이후 서울의 정치구도는 '강남 대 비강남'으로 짜여졌다. 강남의 고립을 의미하는 이 같은 정치구도는 2011년 10월 26일 서울시장 보궐선거에서 한층 선명해졌다. 전체 득표율 53.4%를 얻은 박원순 후보는 강남 3구에서 42%를 획득하는 데 그쳤다. 반면 전체 득표율 46.21%를 얻은 나경원 후보는 강남구에서 61.33%, 서초구에서 60.12%, 송파구에서 51.12%로 우위를 점했다.

난공불락의 요새 같았던 강남의 정치지형에 변화가 일어나기 시작한 것은 2011년 4월 27일 분당을 보궐선거이다. 당시 선거에서 민주당의 손학규 후보는 51.0%를 득표하여 한나라당의 강재섭 후보(48.3%)를 누리고 승리했다. 분당은 강남에 인접한 한나라당의 아성이었으나 집값이 떨어지고 전세금이 오르자 하우스푸어인 30~40대가 한나라당에 등을 돌린 것이다.

부동산 계급동맹에 기초한 강남의 정치적 균열은 2014년 6월 4일 지방선거에서도 지속되었다. 새정치민주연합의 박원순 후보는 송파구에서 53.41%를 득표하여 새누리당의 정몽준 후보(45.88%)를 앞질렀다. 강남구와 서초구에서도 박원순 후보는 정몽준 후보와의 차이를 좁혔다. 강남구의 경우 정몽준 후보가 54.32%, 박원순 후보가 45.04%를 얻었고, 서초구에서는 정몽준 후보 52.25%, 박원순 후보 47.17%로 전에 비해 격차가 줄어들었다.

강남 최대 이변은 20대 총선(2016. 4. 13) 때 일어났다. 강남을에서 더불어민주당 전현희 후보(득표율 51.46%)가 새누리당 김종훈 후보(득표율 44.41%)를 누르고 당선된 것이다. 강남구에서 민주당 후보가 당선된 것은 24년 만의 일로 이명박·박근혜 정권에 대한 피로도가 극에 달한 상황에서 부동산을 매개로 한 계급동맹에 일종의 피로 균열이 발생한 것이다.

• 참고 문헌 •

- 김재영, 《하우스 푸어》, 더팩트, 2010년
- 김효정, '새누리 텃밭 강남 3구 주민 뿔난 이유', 〈주간조선〉, 제2378호(2015. 10. 19)
- 손낙구, 《부동산 계급사회》, 후마니타스, 2008년
- 이세영, "강남이라는 '상상의 공동체'", 〈한겨레21〉, 제905호(2012. 4. 9)
- 중앙선거관리위원회 홈페이지(www.nec.go.kr) 선거 결과
- 동아일보, 1996년 4월 12일
- 조선일보, 1985년 2월 13일, 2월 14일/1988년 4월 27일/1992년 3월 25일/1996년 4월 12일/2000년 4월 14일/2004년 4월 16일/2008년 4월 10일/2011년 4월 28일/2011년 10월 27일

5장

강남은 울퉁불퉁하다

1

강남의 부와 권력의 상징,
타워팰리스

1971년 10월 29일 여의도시범아파트가 준공되었다. 와우아파트 붕괴사고(1970. 4. 8)로 형성된 아파트에 대한 불신을 해소하기 위해 이름 그대로 시범적으로 지은 아파트였다. 처음으로 엘리베이터가 설치되었고 세대마다 스팀난방과 냉온수가 급수되었다. 24개 동 (1,584세대)으로 지어진 아파트 단지에는 파출소, 쇼핑센터는 물론 유치원부터 고등학교까지 입지했다. 뿐만 아니라 여의도시범아파트는 '아파트는 5층'이라는 등식이 통용되던 시절 12층으로 지어진 고층 아파트였다.

1978년 11월 완공된 잠실주공5단지는 고층 아파트의 새 장을 열었다. 이 단지는 15층 높이로 그 무렵 최고층 아파트였다. 당시로서는 대형 평수인 23평형과 25평형으로 설계되었고, 넓은 부지(9만 8,815평)에 아파트 동과 동 이격거리가 70m로 일조권이 좋고 생활환경이 쾌적했다. 그러나 근린주구이론에 따라 설계된 잠실주공5단지는 여러

여의도시범아파트
1971년 10월 준공된 여의도시범아파트는 1970~80년대 지어진 고층 성냥갑 아파트의 원조라 할 만하다. 높이뿐 아니라 엘리베이터와 중앙난방 시스템이 도입되는 등 여의도시범아파트는 진일보한 시설을 갖춘 아파트였다. 1973년 4월 15일 촬영 ⓒ 서울역사박물관 디지털 아카이브

장점에도 불구하고 자폐형 아파트 단지의 본격적인 출현을 알렸다.

목동신시가지 건설사업으로 지어진 목동아파트 단지는 16층 이상의 높이로 건설되었다. 양천구 목동과 신정동일대에 지어진 목동아파트 단지(14개 단지 2만 6,608가구)는 1986년 아시안게임과 88서울올림픽을 앞두고 김포공항 주변의 환경 개선과 안양천변 홍수방지대책 일환으로 건설되었다. 안양천변에 산재한 빈민촌을 철거하고 지어진 목동아파트 단지는 여타의 도시개발지구에 비해 상업과 행정 비중이 컸고, 간선도로를 따라 선형으로 조성되었다.

서울올림픽 이후 주택난과 부동산투기가 맞물리면서 집값이 폭등하자 노태우 정부는 주택 200만 호 건설 정책을 추진했다. 수도권 1기

신도시(분당, 일산, 평촌, 산본, 중동)는 노태우 정부가 주택 200만 호를 건설하기 위해 추진한 사상 최대의 주택건설 프로젝트였다. 분당, 일산 등의 신도시에 신축된 아파트는 25층 높이로 건설되었다. 1기 신도시 건설을 계기로 신축 아파트는 20층 이상으로 지어야 한다는 인식이 확산되기 시작했다.

이건희의 복합화 모델, 타워팰리스

2002년 10월 타워팰리스(1차)가 완공되면서 이전과는 전혀 다른 타워형 초고층 주상복합아파트가 등장했다. 타워팰리스는 삼성그룹 회장 이건희의 복합화 경영철학의 산물이다. 1993년 6월 7일 독일 프랑크푸르트에서 "마누라와 자식 빼고 다 바꾸라!"는 말로 유명한 신경영을 선언한 이건희는 서로 다른 여러 가지 요소로 시너지 효과를 극대화시키는 복합화 경영철학을 역설했다.

이건희의 복합화 경영철학에 따라 삼성그룹은 중구 태평로에 위치

삼성 옛 본관 서울 중구 세종대로에 위치한 삼성그룹 옛 본관은 1976년 완공되어 서초구 서초동에 삼성타운이 완공(2008)되기까지 본관으로 기능했다. ⓒ 전상봉

한 사옥을 금융복합단지로 조성하고, 패션복합단지와 IT복합단지를 신축, 계열사를 3대 축으로 연계하는 계획을 수립했다. IT복합단지를 건설하기 위해 삼성그룹은 1996년 서울시로부터 강남구 도곡동 소재 2만 2,714평의 체비지를 6,226억 원에 매입했다.

그런데 예기치 않은 상황이 발생했다. 일조권과 교통난을 이유로 주민들이 건물 신축을 반대하는 가운데 외환위기가 터진 것이다. 삼성그룹은 외환위기의 여파로 유동성 위기에 직면하자 IT복합단지 건설계획을 폐기하고, 초고층 주상복합 아파트 건설을 추진했다.

빌딩을 옆으로 넓히지 말고 위로 높이자. 좁은 국토를 효율적으로 이용해야 한다. 한 곳에 모든 임직원이 모여 산다면 40초 만에 모일 수 있다. 이게 바로 경쟁력이다. 물류비용이 줄고 경영 스피드가 제고된다. 교통체증도 없어진다. 이게 바로 복합화다.

— 김성홍 외, 《이건희 개혁 10년》, 91쪽

타워팰리스는 이건희의 복합화 경영철학에 따라 최고 93층 높이로 계획되었다. 문제는 인허가권을 가진 서울시가 93층 아파트를 짓는 데 부정적이었다. 서울시와 갈등을 벌이던 삼성은 1999년 5월 타워팰리스 1차분 건설공사를 시작하여 2002년 10월 완공했다.

타워팰리스 1차는 4개 동(A동 59층, B동 66층, C동 59층, D동 42층)으로 지어졌다. 1차분 1499세대는 50평(116세대), 57평(320세대), 68평(429세대), 72평(218세대), 101평(102세대), 124평짜리 펜트하우스(30세대)로 구성되었다. A, B, C동 꼭대기 5개 층에 배치된 펜트하우스는

92평과 32평을 터서 만들었다. 비교적 작은 평형에 해당하는 20평, 30평, 40평형대는 D동에 배치된 200여 세대에 불과했다.

타워팰리스 2차는 2000년 착공되어 2003년 2월 완공되었다. 961가구가 입주한 2차 2개 동(E, F동)은 55층 높이로 용적률은 923%, 건폐율은 39%이다. 단위세대 면적은 92㎡(방 2개, 욕실 1개)와 326㎡(방 4개, 욕실 3개)로 구성되었다.

서울시와의 갈등 속에 69층 높이로 지어진 타워팰리스 3차(G동)는 2001년 착공하여 2004년 4월 완공되었다. 완공 당시 G동은 전국에서 가장 높은 건물(69층 264m)인 동시에 가장 비싼 아파트였다. 3차 G동의 용적률은 791%, 건폐율은 39%이고, 480가구가 입주한 단위세대 면적은 155㎡(방 2개, 욕실 1개)에서 340㎡(방 2개, 욕실 1개)이다.

타워팰리스의 구별짓기

평범한 사람들과 자신들을 구별짓고자 하는 태도는 삼성 고위임원들의 공통된 특징이었다. 물론, 이런 태도를 가장 적나라하게 보여 준 것은 이건희다. 삼성은 서울 도곡동에 타워팰리스를 지으면서 대단한 공을 들였다. 이건희의 지시 때문이다. 2002년 10월 타워팰리스가 첫 입주자를 받을 무렵, 이건희는 입주자 자격 심사를 하라고 했다.…… 당시 이건희는 삼성 고위임원, 변호사, 의사 등 전문직으로 성공한 사람, 문화학술계 유명인사 등을 입주 자격으로 내세웠다. 이건희는 일종의 우생학적인 생각을 품고 있었던 듯하다. 뛰어난 사람들을 따로 골라내서,

그들이 대중과 섞이지 않도록 해야 한다는 생각 말이다. 순수혈통을 고집하는 배타적인 인종주의를 떠올리게 하는 태도인데, 아마 이건희가 생각하기에 가장 우월한 인종은 삼성 고위임원이었을 게다.

— 김용철,《삼성을 생각한다》, 247~248쪽

타워팰리스는 강남의 부와 권력을 상징한다. 초고층 높이에 넓은 주차장, 첨단경비시스템에 수영장, 골프 연습장까지 갖춘 타워팰리스 등장은 주거문화의 획을 그은 사건이었다. 한마디로 타워팰리스는 고급 아파트의 대명사인 동시에 극소수 특권층만이 분양받을 수 있는 아파트였다.

삼성은 타워팰리스 1·2·3차를 모두 특정계층만을 대상으로 비공개 분양했다. 고급 커뮤니티를 형성한다는 이유로 대기업 임원, 고위 공무원, 교수 들에 한해 분양되었다. 집값과 관리비 또한 평범한 샐러리맨이 분양받아 살 수 있는 수준이 아니었다. 타워팰리스의 정확한 분양가는 공개된 바 없다. 당시 강남구의 아파트 가격과 서울 평균 아파트 가격을 비교해 보는 것으로 타워팰리스 분양가를 추정해 볼 뿐이다. 타워팰리스가 분양될 당시 강남구 아파트 평당 가격은 평균 1,458만 원으로 서울 평균 722만 원보다 2배 이상 비쌌고, 최저인 도봉구와 금천구(474만원)보다는 3배 이상이었다.

타워팰리스는 고급 주거공간을 만들기 위해 다양한 시설들이 구비되었다. 1,499가구가 입주한 1차분의 경우 3,695대의 주차공간과 엘리베이터 40대가 설치되었다. 입주민을 위한 수영장과 연회장, 골프 연습장, 스트리트몰 들은 기존 아파트에서는 볼 수 없는 시설이었다.

양재천에서 바라본 타워팰리스 1차 A, B, C동(오른쪽부터) 모습 © 전상봉

최고급 마감재뿐 아니라 주민의 안전과 보안을 위해 다양한 장치를 적용했다. 출입할 때 필요한 카드(RF와 ID카드) 키와 폐쇄회로 TV 2,000여 대와 지문감식시스템이 더해졌다.

각 동 중간층에는 연회장, 헬스클럽, 독서실 같은 호텔급 편의시설이 들어섰고, 외부 손님을 위한 게스트룸(양실, 한실 각 1개)이 따로 마련되었다. 또한 당구장, 노래방, 비디오방, 공동세탁실은 물론 입주민들의 사교공간인 클럽하우스도 갖췄다. 아파트 입구에 들어선 상가동에는 사우나, 수영장, 골프 연습장이 설치되어 입주자들이 무료로 사용할 수 있게 했다.

타워팰리스가 건설된 이후 50층 이상의 주상복합 아파트가 성냥갑(판상형) 아파트를 제치고 선풍적 인기를 끌었다. 여의도 대우트럼프월드(2002), 삼성동 아이파크(2004), 논현동 동양파라곤(2004), 목동 하이페리온(2003) 같은 타워형 주상복합 아파트가 이 무렵 지어졌다. 2000년대 중반 우후죽순처럼 건설된 주상복합 아파트는 아파트의 대형 평형을 주도하고, 부동산 버블을 일으킨 주범이기도 했다.

타워팰리스 주민의 값싼 우월의식

2005년 2월 4일 오후 2시 강남구 개포동 소재 개일초등학교에서 신입생 예비 소집이 열렸다. 동네별로 줄지어 선 코흘리개들이 선생님과의 첫만남을 가진 이날, 타워팰리스에 사는 신입생들의 자리는 비어 있었다. 타워팰리스에 사는 신입생 대부분은 인근의 대도초등

타워팰리스 인근에 위치한 개일초등학교와 대도초등학교 타워팰리스에 사는 학부모들은 초등학교 배정 학교가 대도초등학교에서 개일초등학교로 조정되자 이를 반대하고 나서서 다시 대도초등학교로 되돌려놓았다. Daum 지도를 캡처했다. ⓒ Daum 스카이뷰

학교를 선택했기 때문이다.

　사태의 발단은 강남교육청이 타워팰리스의 학구(學區)를 대도초등학교에서 개일초등학교로 조정(2004. 11)했기 때문이다. 학교 배정이 바뀌자 타워팰리스에 사는 학부모들이 강남교육청으로 몰려가 "갑작스러운 학구변경을 받아들일 수 없다"며 거세게 항의했다. 이들은

개일초등학교가 대도초등학교보다 더 멀기 때문에 학구조정을 받아들일 수 없다는 이유를 들었다.

하지만 실상은 달랐다. 타워팰리스 중앙에서 개일초등학교까지의 거리는 580m로 대도초등학교(740m)보다 더 가까웠다. 더욱이 타워팰리스에서 대도초등학교로 걸어서 가려면 지하도를 지나야 했다. 대도초등학교가 가깝다는 주장은 핑계에 불과했다. 대도초등학교에는 타워팰리스를 비롯하여 래미안, 센트레빌 등 고급 아파트에 사는 학생들이 대부분인 반면 개일초등학교에는 개포동 주공1단지아파트에 세 들어 사는 학생들이 많았다. 타워팰리스 학부모들이 학구조정을 반대한 이유는 자기 자식이 가난한 집 아이들과 한데 어울리는 걸 용납할 수 없었기 때문이다.

타워팰리스 학부모들의 항의에 강남교육청은 무기력했다. 학구조정계획은 수정되어 타워팰리스에 사는 신입생들은 대도초등학교에 배정되었다. 타워팰리스의 부자들에게 사회적 공감대와 공동체 일원으로서의 책임의식을 기대하는 것은 무망한 일일까. 이즈음 어느 신문은 타워팰리스 주민들의 값싼 우월의식을 다음과 같이 질타했다.

> 타워팰리스 학부모들의 반대는 한마디로 값싼 우월의식에서 나온 것이라고 볼 수밖에 없다. 우리나라 신흥 상류층의 대표적 주거지로 꼽히는 타워팰리스 주민들의 의식이 이 정도라는 사실이 놀라울 따름이다. 사회에 본보기를 보여야 할 상류층 사람들은 높은 도덕성과 의무 의식을 가져야 한다. 그렇지 못한 상류층은 계층의식과 반목 등 사회에 쓰레기를 남길 뿐이다. 같은 단지 내에서도 아파트 평수 크기에 따른 적대적

차별의식이 존재한다면 사람이 살기 좋은 곳이라고 할 수 있겠는가.

— 국민일보 2005년 2월 7일자 사설, '타워팰리스 주민의 왜곡된 우월의식' 일부

• 참고 문헌 •

- 강준만, 《강남, 낯선 대한민국의 자화상》, 인물과사상사, 2006년
- 김성홍 우인호, 《이건희 개혁 10년》, 김영사, 2003년
- 김용철, 《삼성을 생각한다》, 사회평론, 2010년
- 네이버 지식백과, '주상복합아파트의 등장 – 주거공간의 고급화와 첨단화 시작'
- 손정목, 《서울 도시계획 이야기》 4, 5, 한울, 2003년
- 정강현, "타워팰리스의 힘? 배정 예정 학교도 바꿔", 중앙일보 2005년 2월 5일
- 조계완, "1%의 욕망, 타워팰리스", 〈한겨레21〉 제434호, 2002년 11월 14일

2

사교육 1번가, 강남구 대치동

노태우 정부는 1989년 6월 22일 대학생 과외교습을 허용한다고 발표했다. 가난한 대학생들에게 학비를 벌 수 있는 기회를 제공한다는 이유를 들었지만 학생들의 대정부 투쟁을 누그러뜨리려는 정치적 의도가 없지 않았다. 그로부터 2년 뒤인 1991년 7월 22일, 여름방학에 한해 초·중·고 학생들에게 학원 수강을 허용하는 조치가 발표되었다.

과외교습과 학원수강이 허용되면서 사교육시장이 팽창하기 시작했다. 학원수강이 허용되자 중·고생들이 오가는 길목에는 으레 학원들이 생겨났다. 동네 골목마다 보습학원이 들어서는가 하면 대입학원은 중고생을 대상으로 새벽과 저녁 시간대에 단과반을 개설했고, '소수정예'니 '특수그룹'이니 하는 종합반을 편성하여 고액 학원비를 받았다.

사교육 시장이 팽창하는 가운데 인기강사의 강의에는 모집 정원을 초과하는 수강생이 몰렸고, 유명 입시학원의 여름방학 강좌는 매진

사태가 벌어졌다. 대학생들의 과외교습도 전성기를 맞았다. 서울대를 비롯한 명문대 학생들의 경우 월 100만 원 이상을 받는 고액과외가 성행하기도 했다.

대입평준화 정책의 빗장이 풀리다

무더위가 채 가시지 않던 1993년 8월 20일 대입 수학능력시험(수능)이 처음 실시되었다. 주입식 교육의 상징이 되어버린 학력고사 시대가 저문 것이다. 대입 수능의 도입은 암기 위주의 평가에서 벗어나 대학 교육에 필요한 사고력과 응용력을 중심으로 수험생을 평가하겠다는 취지였다. 수능 실시와 함께 대입전형이 변경되어 내신 반영률이 높아졌고, 대학별 고사가 자율적으로 실시되었다.

김영삼 정부는 대입 수능을 도입한 다음 1995년 5월 31일 교육개혁안(5·31교육개혁)을 발표했다. 9개 항목으로 구성된 5·31교육개혁의 주요내용은 다음과 같다. △열린교육사회, 평생학습사회 기반구축, △대학의 다양화와 특성화, △초·중등교육의 자율적 운영을 위한 학교 공동체 구축, △인성 및 창의성을 함양하는 교육, △국민의 고통을 덜어주는 대학입학제도, △학습자의 다양한 개성을 존중하는 초·중등교육 운영, △교육 공급자에 대한 평가 및 지원체제 구축, △품위 있고 유능한 교원육성, △1998년까지 교육재정 GNP의 5% 확보 등이었다.

5·31 교육개혁이 시행되면서 초·중등학교에서는 수준별 수업을

이유로 우열반 편성이 가능해졌다. 창의성을 함양하는 교육실현을 이유로 다양한 특목고와 자립형 사립고가 설립되었다. 대학교육의 다양화와 특성화를 이유로 대학 설립이 용이해져 다양한 특성의 대학들이 문을 열었다. 학문 융복합화를 이유로 각 대학에서는 학과의 통폐합과 학부제가 시행되는 한편, 전문대학원이 개설되었다.

교육사의 한 획을 그은 5·31 교육개혁에 대한 평가는 엇갈린다. 성공적인 교육개혁이라는 긍정적인 평가가 있는가 하면, 신자유주의에 기초한 교육 정책으로 공교육 정상화와 사교육비 경감과는 정반대의 결과를 초래했다는 비판이 공존한다.

김영삼 정부의 5·31 교육개혁은 그동안 지속되어 왔던 평준화에 기초한 교육 정책의 폐지를 의미했다. 다양성과 창의성을 이유로 평준화의 빗장이 풀리자 대입 경쟁은 격화되었고, 학부모들의 사교육비 부담은 가중되었다. 국가 개입의 최소화와 시장기제의 활성화라는 5·31 교육개혁의 기조는 김대중 정부와 노무현 정부를 거쳐 이명박·박근혜 정부에 이르러서 한층 심화되었다.

학원 1번가, 강남구 대치동

과외금지라는 전두환 정권의 강압적인 통제 아래 1980년대 사교육 시장은 재수생 중심의 입시학원이 주를 이루었다. 당시 노량진 학원가는 재수생을 대상으로 종합반과 단과반을 편성하여 운영하는 방식이었다. 재수생 중심의 노량진 학원가가 학원의 메카로 자리 잡을 수

시험 종류	제도 내용	문제점
대학입학 국가 연합고사+ 대학별 본고사 (1954)	• 자격고사(대학 정원의 140% 합격) • 여학생과 군 제대자에게 연합고사 면제 • 시험과목 : 필수 국어, 영어, 수학, 사회생활 선택 과학 또는 실업	• 일부 권력층 자녀들의 연합고사 대거탈락 - 정치 문제화 • 여학생, 제대자 입시특해 부당 • 연합고사+본고사, 학생 부담 과중 • 연합고사 실시 후 백지화
대학입합자격 국가고사 (1962~63)	• 1962 : 국가고사만으로 전형 • 1963 : 국가고사+대학본고사 • 국가고사는 전국대학입학정원의 100%만 합격 *시험과목 : 필수 국·영어·수, 사회, 과학, 실업(가정) 선택 계열별 1과목(1962년도에만 실시)	• 대학 간, 학과 간 학력 차 노출 • 학과별 선발로 우수학생 탈락 • 비인기대학 등 정원미달
대학입학 예비 고사 + 대학별 본고사 (1969~1981)	• 1969~1972 : 예비고사 합격자만 본고사 응시 • 1973~1980 : 예비고사 성적을 30% 반영 • 시험과목 -1969~1971 : 국·영·수·사·과, 실업(가정) -1972 : 국사 추가 -1975 : 영어 외 불·독·중, 서반아어 중 택 1 -1976 : 외국어 선택과목에 일본어 추가	• 예비고사+본고사, 학생 이중 부담 • 시험 준비 위주의 교육 • 재수생 누적 • 과열과외 • 1981 : 대학별 본고사 폐지, 예비고사 + 고교내신 전형 실시
대학입학 학력 고사 + 고교내 신(1982~1985)	• 학력고사 성적 50% 이상+고교내신 30% 이상 • 시험과목 -1982~1983 : 14과목 -1984 : 15과목 -1985 : 인문-16과목, 자연-15과목	• 객관식 일변, 고등정신능력 측정 미흡 • 대학의 입학선발 기능 미약 • 눈치경쟁 유발 • 고교내신성적 불만
대학입학 학력 고사 + 고교내 신 + 논술고사 (1986~1987)	• 대학별 논술고사 실시(10% 범위내 성적 반영) • 시험과목 -1986 : 인문-17과목, 자연-16과목 -1987 : 9개 과목으로 축소(필수5, 선택4)	• 논술고사 기능 미흡 • 편중된 지원으로 미달사태 발생 • 적성 무시, 합격 위주 지원
대학입학 학력 고사 + 고교내 신 + 면접 (1989~1993)	• 논술 폐지, 학력고사에 주관식 30% 출제 • 선지원 후시험으로 변경 • 고교내신 30% 이상 반영 의무화 • 학력고사 출제만 중앙교육평가원이 담당	• 대학별 채점상의 문제(부정입학) • 주관식 문항의 한계, 암기 위주 교육 • 면접의 기능 미흡

국가고사의 변천(1954~1993학년도) ─ 출처 :《대한민국 교육 40년》, 113쪽

노량진 학원가 1980년대 노량진 학원가가 학원의 메카로 자리 잡을 수 있었던 배경에는 수도권은 물론 지방 출신의 재수생들이 접근하기 좋은 위치였기 때문이다. ⓒ 전상봉

있었던 이유는 수도권은 물론 지방출신의 재수생들이 접근하기 좋은 위치였기 때문이다.

강남구 대치동이 학원가로 부상하기 시작한 것은 1990년대 들어서다. 과외금지조치가 해제되자 대치동일대에 중소 규모의 학원들이 등장했다. 대치동 학원들은 다수보다는 소수 학생을 대상으로, 특정 과목을 전문적으로 교습하는 방식이었다. 노량진 학원가가 유명 입시학원을 중심으로 '소품종 대량생산방식'이었다면, 대치동 학원가는 전문 학원 중심의 '다품종 소량생산방식'이었다.

5·31 교육개혁으로 대입전형이 다변화되면서 명문대를 겨냥한 대

대치동 학원가 대치동은 대한민국 사교육을 상징적인 장소이다. 서울 지하철 3호선 대치역에서 도곡역에 이르는 도로변 상가건물에는 수많은 학원 간판이 내걸려 있다. ⓒ 전상봉

치동 학원가의 맞춤형 교육방식이 각광받기 시작했다. 서울대를 비롯한 상위권 대학에 응시하려는 수험생들의 수요와 대치동 학원가의 맞춤형 교육방식이 맞아떨어진 결과였다. 1990년대 중후반이 되자, 강남 학원가에는 석박사 학위를 소지한 전문 과외강사들이 등장하여 사교육 특구의 권위를 더했다.

IMF 외환위기의 한파 속에서도 대치동 학원가는 불황을 타지 않았다. 믿을 건 오로지 나뿐이라는 풍조가 형성되면서 '대학 진학열'과 '전문직 선호' 현상이 높아졌기 때문이다. 외환위기 이후 각자도생 (各自圖生)의 경쟁구조가 고착되는 가운데 명맥을 유지하던 과외금

지조치를 해제하는 판결이 내려진다. 2000년 4월 27일 헌법재판소는 '학원설립 및 운영에 관한 법률'에 대해 다음과 같은 요지로 위헌 판결(헌재 2000. 4. 27. 98헌가16 등)을 내렸다.

> 학교교육 정상화와 사교육 차별 최소화, 비정상적 교육 투자 방지 등을 위해 과외를 금지하는 정당성은 인정된다. 그러나 과외교습 등 사적 교육에 있어서는 부모의 교육권과 자녀의 인격발현권을 존중해야 한다는 점에서 국가가 제한할 경우에도 한계가 있다. '원칙적인 금지'와 '예외적인 허용'이라는 현행 법률의 제한방식은 고액과외 방지 등 입법 목적과 아무런 관련이 없는 과외교습까지 지나치게 광범위하게 금지함으로써 기본권을 침해하고 있다.
>
> — 국정브리핑 특별기획팀,《대한민국 교육 40년》, 245쪽

헌재의 판결로 사교육 시장은 다시 한번 요동쳤다. 과외교습이 전면 허용되면서 학원과외가 재수생 중심에서 재학생 중심으로 재편되었다. 대형 학원이 밀집한 노량진 학원가는 침체의 길로 들어선 반면 대치동이 사교육 특구로 떠올라 지방학생들을 흡수했다. 대치동이 '사교육 특구'로 각광 받으면서 수능 난이도에 따라 아파트 값이 급등하는 기현상이 벌어지기도 했다. 수능 난이도가 높았던 2001년 11월, 3억 8,000만원이었던 34평형 대치동 은마아파트는 한 달 뒤인 12월 12%(4500만 원)가 급등한 4억 2,500만에 거래되었다.

2000년대 들어 수시모집이 확대되고 입학사정관제가 신설되는 등 대입전형방식이 다양화되자 대치동 학원들은 강남 학부모들의 욕망

을 정확하게 포착한 교육방식을 고안해냈다. 논술과 면접은 물론 다양한 스펙을 요구하는 대입전형에 대치동 학원들은 맞춤형 서비스를 제공하기 시작했다. 이로써 학교 교육은 무기력해졌고, 사교육이 공교육을 대체하는 주객전도의 상황이 벌어졌다.

대치동식 맞춤형 사교육은 고가비용을 부담해야 한다. 비싼 사교육비를 감당할 수 있는 부자 자식들이 명문대에 합격하기 쉬운 특권적인 교육구조가 만들어진 것이다. 2000년 서울대 정시모집에 합격한 서울 출신 1,000여 명 가운데 강남 8학군 출신의 합격자 비율이 50.6%였다는 사실은 교육현장의 양극화된 현실을 단적으로 보여 준다.

학원기업의 탄생과 어느 기자의 탄식

2000년대 초 인터넷강의(인강)가 시작되면서 대치동의 사교육은 위력을 더해갔다. 대치동에서 태동한 학원 업체가 인강 열풍을 주도하면서 강남의 영향력은 초고속 인터넷망을 타고 전국의 사교육 시장을 잠식했다.

이즈음 특수목적고(특목고) 신드롬이 이는 가운데 사교육붐이 절정으로 치달았다. 외국어고(외고) 입시를 중심으로 학원가가 번창하면서 사교육 시장규모는 2000년 7조 1,200억 원, 2001년 10조 7,000억 원, 2003년 13조 6,485억 원으로 급팽창했다. 50억 원대 연봉을 받는 스타강사가 등장하는가 하면, 강남에서는 초등학생들이 특정 학원에 들어가기 위해 족집게 과외를 받기도 했다. 명문대 진학을 위한 인맥 만들기가 유행하여 유치원생은 물론, 유명 산부인과에서 태어난 부유층 아이들의 병원 동창회가 만들어지기도 했다.

걷잡을 수 없는 사교육 열풍 속에서 세계 최초로 대형학원이 증시(코스닥)에 상장되었다. 2004년 12월 메가스터디학원이 교육 기업으로 코스닥에 상장, 증시 열풍에 편승했다. 상장 당시 1천억 원 규모였던 메가스터디학원은 2007년 3월 시가총액 1조 원을 돌파했다. 그리고 그해 10월 메가스터디학원은 시가총액 2조 원을 돌파하여 코스닥 3위로 올라섰다. 당시 1위는 네이버의 NHN, 2위는 LG텔레콤이었고 5위가 아시아나항공이었다.

사교육 학원이 교육기업으로 탈바꿈하여 증시에서 연일 상한가를 치던 그즈음 어느 기자의 칼럼이 많은 이들의 공감을 샀다.

> 제가 대학에 다닐 때 서울지역의 이른바 명문 대학의 캠퍼스 안에는 전국 각지에서 온 '개천의 용'들이 바글바글했습니다. 지금의 현실은 어떻습니까. 문민정부, 국민의 정부, 참여정부를 거치면서 입시제도는 잘사는 집 아이들이 좋은 대학에 가기 쉽도록 바뀌었습니다. 잘사는 집 아이들의 학력 수준이 높아졌다고 주장할 수도 있습니다. 하지만 저는 제도 탓이라고 믿습니다.…… 지금까지 살아오면서 제 인생에 가장 크게 도움이 된 것을 꼽으라면 80년대의 입시제도를 들겠습니다. 제가 그렇게도 미워했던 군사독재 정권이 만든 제도입니다. 하지만 지금 시골 초등학교에 다니는 두 딸아이는 저 같은 '행운'을 만날 것 같지 않습니다. 제가 전두환 정권의 교육정책이 그리운 이유입니다.
>
> ― 권복기, '전두환 정권이 그리운 단 한가지', 한겨레 2007년 6월 29일

민주화 이후 교육 양극화가 극심해진 현실에 대한 어느 기자의 회고와 탄식에 적지 않은 사람들이 고개를 끄떡였다. 그러나 전두환 정권에서 시행된 강압적인 평준화 정책을 오늘의 현실에 적용할 수는 없다.

독재정권 아래 추진된 교육 평준화 정책은 서울대를 정점으로 하는 대학서열구조를 혁파하지 못했다. 이런 현실에서 민주화 이후 김영삼 정부는 세계화와 정보화를 명분으로 평준화의 빗장을 풀어 버린 결과 교육 양극화가 극심해지기 시작했다. 뒤이은 김대중 정부와 노무현 정부를 거쳐 이명박 정부와 박근혜 정부에 이르면서 신자유주의에 입각한 교육정책은 한층 심화되었다. 그 결과 대한민국의 교육 현실은 각자도생의 첨예한 생존의 현장이 되고 말았다.

• 참고 문헌 •

- 강준만, 《강남, 낯선 대한민국의 자화상》, 인물과사상사, 2006년
- 강준만, 《입시전쟁 잔혹사》, 인물과사상사, 2009년
- 국정브리핑 특별기획팀, 《대한민국 교육 40년》, 한스미디어, 2007년
- 권보드래 외, 《1970 박정희 모더니즘》, 천년의상상, 2015년
- 권복기, "전두환 정권이 그리운 단 한가지", 한겨레, 2007년 6월 29일
- 안병영 하연섭, 《5·31 교육개혁 그리고 20년》, 다산, 2015년
- 오제연, "1976년 경기고등학교 이전과 강남 '8학군'의 탄생", 《역사비평》 2015년 겨울호
- 이규대 이혜리, "'사교육 공화국' 랜드마크에 욕망이 들끓다", 시사저널, 2013년 12월 11일

3

강북의 욕망을 자극한 뉴타운 사업

이명박은 1941년 12월 19일 일본 오사카에서 아버지 이충우와 어머니 채태원 사이에 4남 3녀 중 다섯째로 태어났다. 해방 직후 귀국하여 포항 동지상고와 고려대 경영학과를 졸업했다. 1965년 현대건설에 입사하여 5년 만에 이사로 승진한 다음 1977년 36세에 대표이사 자리에 올랐고, 1988년 현대건설 회장이 되었다.

샐러리맨의 성공신화를 쓴 그는 현대그룹 명예회장 정주영이 통일국민당을 창당하면서 정치 행보를 함께할 것을 강권하자 이를 뿌리쳤다. 1992년 1월 3일 현대그룹을 떠난 이명박은 정주영과 정치 행보를 함께 하지 않은 이유를 이렇게 적었다.

현대라는 재벌이 정치 참여로 권력을 갖게 되었을 때 사회에 미칠 부정적인 영향을 쉽게 예상할 수 있었다. 이것이 내가 함께 갈 수 없었던 큰 이유의 하나였다.　　　　　　　　　　　— 이명박,《신화는 없다》, 28쪽

한강시민공원 조경 공사 오세훈 시장은 한강르네상스 사업의 일환으로 한강 중심의 에코네트워크 구축 사업을 펼치면서 콘크리트 구조물과 부직포를 깔고 그 위에 나무를 심었다.사진은 2008년 8월 성수대교 근처 한강 둔치 조경 공사 모습이다. ⓒ 안호덕

정주영과 결별한 이명박은 14대 총선(1992. 3. 24)에서 민자당 전국구 의원으로 당선되어 정계에 입문했다. 국회의원 이명박은 1995년 대정부질의에서 서울－부산 간 운송비가 부산－미국 로스앤젤레스 간의 해상운송비보다 비싸다고 지적하면서 경부운하의 필요성을 역설했다. 4대강 사업의 비극은 그렇게 싹텄다.

1996년 4월 11일 치러진 15대 총선에서 이명박은 종로구에 출마하여 이종찬, 노무현이라는 정치 거물을 제치고 당선되었다. 그러나 재선의 기쁨도 잠시였다. 선거기획을 담당했던 김유찬이 '이명박 후보가 선거비용을 7억 원 가량 누락하고 거짓 신고를 했다'고 폭로, 선거법 위반으로 기소되었다.

1심 재판에서 이명박은 벌금 700만 원을 선고(1997. 9) 받았다. 궁지에 몰린 이명박은 한나라당 서울시장 후보 경선에 출마하면서 의원직을 사퇴(1998. 2. 21)했다. 항소심에서 벌금 400만 원을 선고 받은 다음 대법원에 상고했으나 원심이 확정(1999. 4)되었다.

서울시장 이명박과 오세훈

2000년 광복절 특별사면으로 피선거권을 회복한 이명박은 한나라당 서울시장 후보로 추대(2002. 4. 4)되었다. 2002년 6월 13일 치러진 서울시장 선거는 청계천 복원 공약이 승패를 갈랐다. 이명박 후보는 민자를 유치해서라도 청계천을 복원하겠다는 강한 의지를 표명했다. 반면 민주당의 김민석 후보는 청계천 복원을 중장기적으로 추진한다는 입장이었다. 선거 결과 이명박이 당선되었다.

2002년 7월 2일 취임식에서 서울시장 이명박은 청계천 복원을 천명했다. 그해 7월 13일 청계천복원추진본부를 설치하면서 9월에는 시민단체와 전문가들로 구성된 청계천복원시민위원회가 출범했다. 해가 바뀐 2003년 6월 청계천복원 종합상황실을 설치한 다음, 7월 1일 오후 2시 '청계천 복원공사 기공식'을 열었다.

청계천 복원공사는 2005년 10월 1일 끝났다. 청계천이 복원되자 개장 한 달 만에 640만 명이 다녀갈 정도로 시민들의 반응은 뜨거웠다. 복원된 청계천은 서울 도심의 명소로 자리 잡았고, 다양한 문화 행사가 열리는 상징 공간이 되었다. 청계천이 복원되자 전국의 복개천이 연쇄적으로 복원될 정도로 파급효과가 컸다.

국제적으로도 청계천 복원사업은 호평을 받았다. 베니스 국제건축 비엔날레 최우수시행자상(2004), 일본토목학회 환경상(2006), UN 헤비타트특별대상(2009)을 수상했다. 해외 언론들은 청계천 복원사업을 조명하는 기사를 연달아 내보냈고, 하버드대학 건축·도시설계학과에서는 청계천 관련 강좌를 개설했다.

그러나 안팎의 찬사에도 불구하고 복원된 청계천은 가릴 수 없는 문제점을 안고 있다. 가장 큰 문제점은 한양의 중심 하천인 청계천을 역사유적의 발굴과 보존이라는 관점에서 복원하지 않았다는 사실이다. 수변공원을 조성한다는 목적 아래 청계천을 폭 22m의 직선하천으로 복원하여 역사성이 유실되고, 생태성이 단절되었다. 수표교와 오간수교를 복원한다는 애초의 약속도 지켜지지 않았다. 복원공사 중 발견된 장통교, 수표교, 하량교, 효경교, 마전교, 오간수교, 영도교 기초석과 호안석축 유구는 버리다시피 방치했다.

대중교통 체계의 개편은 서울시장 이명박의 또 다른 치적으로 꼽힌다. 이 개편은 다음과 같은 목적으로 추진되었다. △도심의 차량 속도를 높여 도시경쟁력 제고 △승용차 운행의 감소를 통한 대기오염의 저감 △시민들의 교통 불편 해소와 요금 부담 경감 등이다.

서울시는 2004년 7월 1일 대중교통 체계를 전면 개편했다. 버스 중앙차로제를 실시하고 버스 번호는 지역에 따라, 버스 색상은 종류에 따라 체계적으로 정비했다. 요금은 환승 횟수가 아닌 이동거리에 비례하도록 변경하는 한편, 준공영제를 도입하여 버스회사의 적자를 보전해 주었다. 대중교통 체계의 개편으로 시내버스의 통행 속도가 빨라지는 등 시민들에게 좋은 평가를 받았다.

청계천 복원과 대중교통 체계개편에 힘입어 이명박은 17대 대통령에 당선되었다. 그러나 누가 알았으랴. 서울시장 이명박의 성공담은 대통령이 된 그 자신에게도, 후임 서울시장 오세훈에게도 독이 될 줄을……. 눈에 띄는 사업을 한 건 해야 한다는 강박에 젖어 대통령 이명박은 4대강 사업에 골몰했고, 후임 서울시장 오세훈은 막개발 공약을 쏟아냈다.

2006년 5월 31일에 치러진 지방선거에서 서울시장에 출마한 한나라당 오세훈 후보는 열린우리당 강금실 후보를 제치고 당선되었다. 한나라당이 서울 25개 구청장을 싹쓸이한 가운데 오세훈 후보는 득표율 61.1%(240만 9,760표)로, 27.3%(107만 7,890표)를 얻은 강금실 후보를 여유 있게 따돌렸다.

서울시장 오세훈은 2006년 7월 3일 취임식에서 '디자인 서울'을 선언했다. 디자인 서울은 서울이 세계적인 도시로 거듭나려면 도시 전체를 새롭게 디자인해야 한다는 취지였다. '맑고 매력 있는 세계도시 서울'을 내세우면서 추진한 디자인 서울은 한강과 남산을 비롯한 도심 곳곳을 부수고 건설하는 막개발 프로젝트였다.

한강르네상스 사업은 서울시장 오세훈의 또 하나의 역점사업이었다. 한강르네상스 사업은 2006년 한나라당 당내 경선에서 맹형규 후보가 처음 제기했다. 사업의 주요내용을 살펴보면 △도시 공간 구조의 재편 △서해 연결 주운(경인운하) 기반 조성 △워터프런트 타운 조성 △한강변 경관 개선 △한강 중심의 에코네트워크 구축 △한강변 접근성 향상과 역사 유적 연계 강화 △테마가 있는 한강공원 조성 등이다.

이 가운데 핵심사업은 서해 연결 주운기반조성과 워터프론트타운 건설이다. 서해연결 주운사업의 일환으로 세빛둥둥섬을 건설하고, 6,000톤급 크루즈선 운항을 위해 여의도 선착장 건설과 한강 수심을 확보(6.3m)하는 한편, 양화대교 교각 확장공사를 시행했다. 워터프론트타운 조성을 위해 마곡지구를 개발하고, 용산 국제업무지구 건설을 추진했다. 또한 한강 지류인 중랑천과 안양천에서 여의도와 잠실 선착장을 오가는 수상택시 도입을 계획했으나 무산되었다.

서울시장 이명박과 오세훈이 재임할 당시 서울은 거대한 공사판 같았다. 불도저 서울시장 김현옥이 개발주의 시대를 대표한다면, 이명박과 오세훈은 신개발주의 시대를 상징하는 아이콘이다. 개발주의 시대를 선도한 김현옥과 신개발주의 시대를 이끈 이명박, 오세훈은 성장주의에 바탕을 두고 있다는 점에서 본질적으로 같다. 다른 점이 있다면 개발주의가 자연과 역사를 노골적으로 파괴하는 방식이라면, 신개발주의는 자연과 역사의 가치를 존중하는 듯하면서 파괴적 성장을 추구한다는 점이다.

강남·북 균형발전과 뉴타운 사업

서울의 경우는 강남·북으로 대표되는 지역간 격차가 풀어야 할 심각한 사회 문제였다. 서울의 강남·북 불균형 문제가 중요한 도시 문제로 인식되기 시작한 것은 1990년대 초반이지만 심각한 사회 문제로 본격화된 것은 2000년대부터 시작된 강남의 집값 폭등 이후이다. 여기서 강남이라는 것은 물리적으로 한강 남쪽을 의미하는 것이 아니라 강남구, 서초구, 송파구의 3개 구를 지칭하며 강북이라는 의미는 그 3개 구를 제외한 지역을 의미한다.

— 서울특별시 균형발전본부, 《서울시 뉴타운사업 7년간의 기록》, 2010년, 14쪽

뉴타운 사업은 서울시장 이명박과 오세훈이 추진한 대규모 개발사업이다. 서울시장 이명박의 공약 사업으로 시작된 뉴타운 사업은 강남·북의 불균형 해소가 주된 이유였다. 기존 재개발사업이 소규모였다면 뉴타운 사업은 광역단위로 시행되었다. 뉴타운 사업은 시범뉴타운 시기(1차), 뉴타운 확대지정 시기(2차), 재정비촉진지구 전환시기(3차)로 추진되었다.

시범뉴타운 사업은 2002년 7월 20일 지역균형발전추진단 설치를 지시한 시장방침(704호)이 시작점이었다. 서울시는 그해 10월 23일 강북의 노후불량주택지를 계획적으로 정비한다는 취지로 왕십리뉴타운, 은평뉴타운, 길음뉴타운 등 3개 시범뉴타운 사업지구를 지정했다.

뉴타운 확대지정시기(2003~2005)에는 '서울시 지역균형발전 지원에 관한 조례'를 제정(2003. 3)하고, 자치구의 신청을 받아 2003년 11월 12개의 2차 뉴타운지구를 발표, 사업을 본격화했다. 12개의 2차 뉴타운지구는 돈의문뉴타운(종로구, 경희궁 자이), 한남뉴타운(용산구), 전농·답십리뉴타운(동대문구), 중화뉴타운(중랑구), 미아뉴타운(강북구), 가재울뉴타운(서대문구), 아현뉴타운(마포구), 신정뉴타운(양천구), 방화뉴타운(강서구), 영등포뉴타운(영등포구), 노량진뉴타운(동작

뉴타운 지정현황 지도 서울시장 이명박의 공약사업으로 시작된 뉴타운 사업은 강남·북의 불균형 해소가 주된 이유였다. 지도에는 시범뉴타운, 2차 뉴타운, 3차 뉴타운, 시범촉진지구, 2차 촉진지구로 분류되어 있다. 서울시가 발행한 《뉴타운 재개발 실태조사 백서》에서 이미지를 캡처했다. ⓒ 서울특별시

구), 천호뉴타운(강동구)이다. 서울시는 2차 뉴타운지구를 효과적으로 관리하기 위해 지역균형발전추진단을 뉴타운사업본부로 확대 개편했다.

재정비촉진지구 전환시기(2005~2007)에 접어들어 서울시는 뉴타운 사업 추진과정에서 제기된 법적 근거를 마련하기 위해 중앙 정부에 뉴타운특별법안을 제안(2005.8)했다. 이를 계기로 도시재정비촉진을 위한 특별법이 제정(2005.12)되어 뉴타운 사업의 법적 근거가 마련되었다. 이 기간 서울시는 3차 뉴타운지구로 11개 지구를 지정하고, 뉴

타운사업본부를 균형발전본부로 확대 개편했다(2006. 8). 11개의 3차 뉴타운지구는 이문·휘경뉴타운(동대문구), 장위뉴타운(성북구), 상계뉴타운(노원구), 수색·증산뉴타운(은평구), 북아현뉴타운(서대문구), 시흥뉴타운(금천구), 신길뉴타운(영등포구), 흑석뉴타운(동작구), 신림뉴타운(관악구), 거여·마천뉴타운(송파구), 창신·숭인뉴타운(종로구)이다.

2002년부터 2007년까지 서울시가 지정한 뉴타운지구는 총 26개이다. 뉴타운지구의 총면적은 23.8km²(약 720만 평)로 1973~2003년까지 30년 간 서울시가 추진한 주택재개발 시행면적을 모두 합친 10.1km²의 2.4배에 이른다. 뉴타운 사업지구에 거주하는 인구는 85만 명으로 이중 세입자가 69%에 달했다.

뉴타운 공약이 승패를 가른 18대 총선

2008년 4월 9일 치러진 18대 총선은 뉴타운 공약이 판세를 좌우했다. 뉴타운 건설은 한나라당 후보들의 공통적인 공약이었다. 뉴타운 공약이 내 집 마련의 꿈과 투기의 욕망을 자극하자 집값이 들썩거리기 시작했다. 집값이 뛰자 지역 주민들은 환호했고, 한나라당 후보들의 지지율은 가파르게 상승했다.

선거 결과 뉴타운 광풍을 등에 업고 40명의 '뉴타운돌이'들이 탄생했다. 서울 48개 선거 중 한나라당이 40석, 통합민주당 7석, 창조한국당 1석을 차지했다. 영남 68개 선거구 중 46곳을 차지한 한나라당의 성적표가 초라해 보일 정도였다. 51개 선거구인 경기도의 경우 한나라당이 32석, 통합민주당이 17석을 차지할 정도로 일방적이지는 않았다. 서울에서 특정 정당이 80% 이상의 의석을 차지한 경우는 유례없는 사건이었다.

민주당이 참패한 원인은 강북 벨트라 불리는 동북권(강북, 노원, 도봉, 동대문, 성북, 중랑구)이 무너진 결과였다. 선거 초반만 하더라도 강북 벨트에 출마한 민주당 후보들은 앞서나갔다. 김근태(도봉 갑), 유인태(도봉 을) 등 이 지역의 민주당 후보들은 인지도에서도 한나라당 후보들을 압도했다.

선거 판도가 바뀌기 시작한 건 한나라당 후보들이 뉴타운 공약을 쏟아내면서다. 이들은 뉴타운 지정 권한이 있는 서울시장 오세훈이 한나라당 소속임을 강조했다. 불과 며칠 전까지 추가 지정은 없다던 오세훈 또한 2008년 3월 27일 한국경제신문과의 인터뷰에서 "뉴타운 10곳을 추가 지정하겠다"며 분위기를 띄웠다.

뉴타운 건설 공약으로 한나라당 후보들의 상승세가 이어진 결과 강북벨트에 출마한 통합민주당 후보들은 줄줄이 낙마했다. 민주화 운동의 상징인 김근태 후보를 비롯하여 진보신당의 노회찬 후보에 이르기까지 선거 패배의 쓴잔을 들어야 했다.

선거가 끝나자 서울시장 오세훈은 집값 안정을 이유로 "뉴타운 계획을 유보한다"고 밝혔다. 그러나 부동산 시장은 뜨겁게 달아오른 상태였다. 강북벨트를 중심으로 부동산 가격이 급등, 2008년 4월 첫째 주 서울의 아파트값 상승률은 노원구가 1.13%로 1위, 도봉구가 0.67%로 2위를 기록했다.

뉴타운이라는 이름의 신기루

　뉴타운 사업의 약발은 오래가지 않았다. 총선 5개월 뒤인 2008년
9월 글로벌 금융위기와 함께 파국이 시작되었다. 뉴타운 사업은 실
패할 수밖에 없는 근본적인 문제를 안고 있었다. 충분한 대비책 없이
짧은 기간 지나치게 넓고 많은 지역을 사업지구 지정한 것부터가 문
제였다. 사업지구가 확대될수록 지역균형발전을 위한 생활권 정비

용산구 한남동 뉴타운지구 용산구 한남동에는 회장님의 저
택이 있는가 하면 도시빈민들의 판자촌이 공존한다. 한남
동 일대의 판자촌은 한국전쟁 이후 피난민들이 정착하면
서 형성되었다. ⓒ 전상봉

라는 애초의 취지는 무색해지고 투기붐만 일으켰다.

　무분별하게 뉴타운지구를 지정하면서 세입자 비율이 시범뉴타운
59%, 2차 뉴타운 66%, 3차 뉴타운 77%로 높아지면서 전월세난이 가
중되었다. 급격한 재개발(뉴타운 사업)로 오랜 세월 형성된 지역공동
체는 단숨에 파괴되어 버렸다. 그 결과 낙후지역 개발이라는 서민들
의 단꿈은 '원주민 재정착률 20% 이하'라는 문제를 야기했다.

　2011년 8월 무상급식 찬반투표의 무산을 이유로 서울시장 오세훈

이 사퇴하면서 뉴타운 사업은 파산을 고했다. 그해 10월 26일 보궐선거로 당선된 서울시장 박원순은 뉴타운 사업의 후과를 수습하기 위해 전면적인 실태조사를 실시했다. 그런 다음 2013년 9월 13일 '창신·숭인 뉴타운지구'를 해제하면서 뉴타운 사업은 일단락되었다.

• 참고 문헌 •

- 강준만, 《강남, 낯선 대한민국의 자화상》, 인물과사상사, 2006년
- 동아일보사, 〈신동아〉, 2009년 2월호 별책부록
- 서울특별시, 《뉴타운 재개발 실태조사 백서》, 서울특별시 주거정책실 재생지원과, 2014년
- 서울특별시, 《서울시 뉴타운 사업 7년간의 기록》, 서울특별시 균형발전본부, 2010년
- 이명박, 《신화는 없다》, 김영사, 1995년
- 전상봉, "오세훈의 그릇된 야망, 서울시민한테 뭔 짓 한 건가", 오마이뉴스, 2015. 9. 14.
- 전상봉, "청계천 땅값 50% 인상, 그 달콤한 독", 오마이뉴스, 2015. 10. 28.
- 한강시민위원회, 《한강개발사업에 의한 자연성 영향 검토》, 서울특별시, 2012년 10월
- 홍성태, 《생태도시 서울을 찾아서》, 현실문화연구, 2005년

4

강남은 울퉁불퉁하다

강남은 폭 50~70m의 간선도로를 축으로 개발되었다. 논밭이 펼쳐진 허허벌판에 종횡으로 놓인 간선도로는 강남을 격자형으로 구획했다. 이 때문에 사람들은 강남의 이면도로와 골목길까지 바둑판과 같이 네모반듯할 것이라고 생각한다. 그러나 대로(간선도로)에서 안쪽으로 한 블록만 들어가 보면 전혀 딴판인 이면도로와 골목길을 만난다.

> 어느 날 약속이 있어 테헤란로의 어느 빌딩에 있는 친구의 사무실을 찾아가는 중이었다.…… 내 앞에 펼쳐진 것은 어린 시절을 보냈던 강북 중의 강북, 성북구하고도 택시도 잘 안 가는 정릉동의 그 꼬불꼬불한 골목길을 그대로 재현한 듯한 미로형 도로였다. 이런 도로에서 좌우회전을 몇 번 하다 보면, 자기가 어디로 가고 있는지 알기란 거의 불가능하다.
>
> ― 황두진, 《당신의 서울은 어디입니까?》, 111~114쪽

강남은 대모산, 구룡산, 우면산이 뻗어 내린 구릉지대에 조성되었

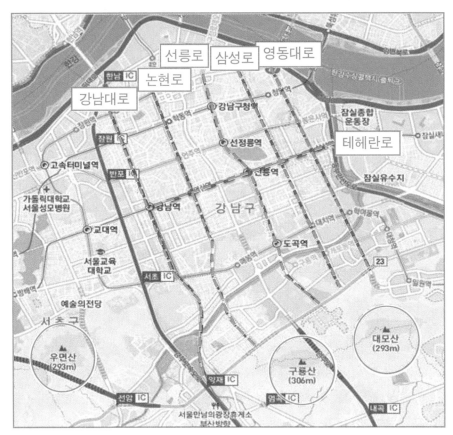

강남의 산과 주요 도로 강남은 구룡산, 대모산, 우면산이 뻗어 내린 구릉지대에 50~70m의 간선도로를 축으로 격자형으로 구획되었다. Daum 지도를 캡처했다. ⓒ Daum 스카이뷰

다. 영동토지구획사업이 추진된 1970년대 초반 기술력의 한계와 자본력의 제약으로 강남의 평탄화 공사는 지지부진했다. 그 결과 강남의 간선도로와 골목길은 오르막길과 내리막길이 자주 눈에 띈다.

강남의 울퉁불퉁한 지형은 마치 불평등한 대한민국의 현실을 보여주는 듯하다. 강남에는 부자도 많지만 가난한 사람도 적지 않다. 대로변에는 높고 번듯한 건물이 즐비해도 그 뒤편에는 술집이 번창하고, 유흥업소 종사자들이 즐겨 찾는 세탁소 또한 쉽게 발견할 수 있다.

테헤란로는 강남을 동서로 가로지른다. 강남역 사거리에서 삼성교에 이르는 테헤란로는 4km 남짓의 왕복 10차선 도로다. 서울시는 1972년 11월 26일 한양 천도 578주년 기념사업의 하나로 국기원에서 삼성교에 이르는 구간을 삼릉로(三陵路)라 명명했다. 강남구 삼성동에 위치한 선릉과 정릉에 능침(陵寢) 3개가 있어서 붙여진 이름이다. 삼릉로가 테헤란로로 이름이 바뀐 건 1977년 6월 17일 방한한 테헤란 시장과 서울시장이 자매 결연을 맺으면서부터다.

1980년대 초반만 하더라도 테헤란로 주변은 오가는 사람도 적고, 건물도 드문 황량한 곳이었다. 테헤란로가 변화하기 시작한 건 1984년 지하철 2호선이 완전히 개통되면서다. 테헤란로 지하를 관통하는 지하철 2호선이 개통하자 강북 도심에 있던 기업들이 하나둘 강남으로 이전하기 시작했다. 1984년 의류 수출 기업인 신성통상이 12층 건물을 지어 이전했고 한일시멘트는 18층 사옥을 신축했다.

테헤란로 표석 테헤란로는 서울시와 이란의 수도 테헤란시의 자매결연을 기념하기 위해 붙인 거리 이름이다. 도로명을 제정할 당시만 하더라도 한적한 도로였으나 1980~90년대를 거치면서 강남을 상징하는 중심가가 되었다. ⓒ 전상봉

서울올림픽을 유치하면서 테헤란로 주변 개발은 눈에 띄게 활발해졌다. 1988년 9월 7일 한국종합무역센터가 삼성동에 건설되었다. 무역센터 부속 건물인 트레이드타워(55층)는 준공 당시 63빌딩 다음으로 높은 건물이었다. 남북고위급회담(1991년)에 참석한 북한 대표단의 숙소 그랜드인터콘티넨탈호텔이 개관한 것도 이 무렵이다.

테헤란로는 1990년대 들어 경제·금융가로 탈바꿈했다. 경제·금융 중심지로 테헤란로를 육성한다는 정부 방침에 따라 포스코센터가 건설되었고, 한양금고 등 금융사가 둥지를 틀었다. 1997년 발생한 외환위기는 테헤란로를 벤처기업과 IT(정보통신)산업의 요람으로 변모하게 만들었다. 김대중 정부 때는 벤처기업특별법이 제정되어 벤처기업과 IT기업에 대한 지원 정책이 시행되자 관련 업체가 테헤란로로 몰려들었다. 한글과컴퓨터(한컴)와 안철수연구소(안랩) 등 '닷컴 신화'를 쓴 기업들이 2000년을 전후하여 테헤란로 주변에 자리 잡았다.

2000년대 들어 테헤란로 풍경은 다시 한번 바뀐다. 스타타워(강남파이낸스센터)를 필두로 GS강남타워, 동부금융센터, 현대산업개발 사옥, 메리츠타워, 현대모비스빌딩 들이 2000년대 들어 신축되었다. 고층 빌딩이 들어서자 대기업, 금융기업, 외국계 회사가 테헤란로로 몰려들었다. 이런 가운데 닷컴버블이 붕괴하자 IT업체들은 구로디지털단지와 판교 테크노밸리 등지로 떠났다.

1980년대만 하더라도 공터를 쉽게 찾아볼 수 있었던 테헤란로는 1990년대 이래 한국 최고의 번화가로 변모했다. 테헤란로는 금융가에서 IT산업의 요람으로, 한국 경제를 상징하는 오피스타운으로 거듭났다. 테헤란로 서쪽 끝인 강남역 인근의 삼성타운에서부터 테헤

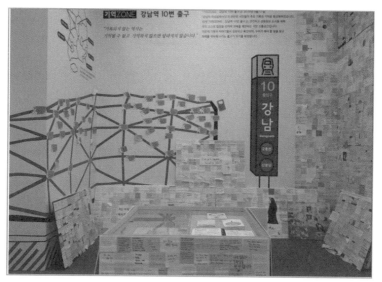

서울여성재단 2층 성평등도서관 '여기' 기억의 존에는 강남역 10번 출구에 시민들이 붙였던 추모의 포스트잇이 전시되고 있다. © 전상봉

란로 동쪽 끝에 위치한 삼성역 부근의 한전 부지를 현대자동차그룹이 매입한 사실이 테헤란로의 경제적 상징성을 보여준다.

뿐만 아니라 테헤란로는 여성 혐오 살인사건의 현장이다. 2016년 5월 17일 오전 1시 7분 무렵 강남역 근처 노래방 화장실에서 23세 여성이 살해되었다. 범인 김모씨는 단순히 여성이라는 이유로 피해자를 식칼로 수차례 찔러 살해했다. 여성을 상대로 자행한 묻지마 살인사건은 약자와 소수자에 대한 우리 사회의 혐오와 폭력성을 여과 없이 드러내 보였다. 사건이 발생하자 분노한 시민들은 강남역 10번 출구에 피해자를 추모하는 글을 남기고, 여성 혐오를 질타하는 집회를 열었다.

강남과 세대

　강남은 부동산투기의 진원지이다. 강남 개발이 시작된 1960년대
말 이후 부동산투기붐은 10년 주기로 일어났다. 영동 개발이 시작될
무렵 일어난 말죽거리 신화(1968년)는 부동산투기붐의 서막이었다.
그 뒤 1978년 오일 쇼크에 이은 부동산투기붐, 1980년대 말 3저 호황
과 함께 불어닥친 부동산투기붐, 그리고 2000년대 초중반 부동산투
기붐에 이르기까지 부동산 폭등은 10년 주기로 일어났다.

　대규모 아파트 단지 건설 또한 부동산투기붐과 동전의 양면처럼
10년 단위로 계획되었다. 1970년대 중후반 강남에 대규모 아파트 단
지가 지어졌고, 1980년대 경기도 과천과 양천구 목동, 노원구 상계동
에 대규모 아파트 단지가 건설되었다. 1990년대가 되자 분당, 일산
같은 수도권에 신도시가 새롭게 조성되었다.

　대규모 아파트 단지들이 건설되면서 부동산투기 양상이 바뀌었다.
강남에 대규모 아파트 단지가 건설되자 부동산투기 대상이 땅에서
아파트로 옮겨갔다. 신축 아파트를 중심으로 일었던 부동산투기붐
은 2000년대가 되자 아파트 재개발 투기로 그 양상이 바뀌었다.

　말죽거리 신화 이후 10년 주기로 일어난 투기붐과 대규모 아파트
단지 건설은 신분 상승을 위한 욕망의 통로였다. 《아파트 게임》의 저
자 박해천은 이 같은 강남발 욕망의 순환구조를 '배제와 선택의 분배
시스템'이었다고 진단한다.

　1940년대에 태어난 소위 '강남 1세대'들이 자산을 증식해 나가는 과정

강남 1세대인 1940년대생들은 이 같은 투자를 통해 강남에 안착했다. 50년대생들이 대학을 졸업하고 사회에 진출한 1980년대에는 강남을 비롯하여 양천구 목동과 노원구 상계동에 대규모 아파트 단지가 지어졌다. 그리고 60년대생들이 대학을 졸업하고 사회에 진출할 무렵인 1990년대 초반에는 수도권에 1기 신도시가 건설되었다.

대규모 아파트 단지 건설을 매개로 한 이 같은 시스템은 1990년대 중반까지 큰 문제 없이 굴러갔다. 그러나 외환위기가 발생하면서 더 이상 유지될 수 없는 시스템이 되었다. 노동 유연화에 따라 비정규직이 양산되고, 실업률이 가파르게 상승하면서 임금 소득으로 아파트를 장만하기가 하늘의 별따기처럼 어려워진 현실에 직면한 것이다.

서민들의 '내 집 마련의 꿈'은 말 그대로 꿈 같은 시대가 되었다. 그럼에도 불구하고 이명박, 박근혜 정부는 경기부양을 이유로 가계대출을 남발하여 가계부채 총액이 1439조원(2017년 6월 말 기준)에 달하는 부채공화국을 만들어 놓았다. 눈여겨볼 것은 가계부채 총액의 65.2%(938조 원)가 주택담보대출이라는 사실이다.

테남과 테북을 아시나요?

테헤란로는 강남의 동서를 가로지르는 동시에 남북을 나눈다. 흔히 테헤란로 북쪽은 '테북', 테헤란론 남쪽은 '테남'이라 불린다. 압구정동, 청담동, 신사동 중심의 테북에는 대를 잇는 부자들이 많이 살고, 대치동, 역삼동, 도곡동, 개포동 중심의 테남에는 전문직 종사자들이 많다.

테북을 대표하는 압구정동 현대아파트와 테남에 위치한 대치동 은마아파트는 첫 입주민의 계층부터 달랐다. 1976년 입주를 시작한 압구정동 현대아파트는 상류층을 겨냥한 40~60평형대가 다수였다. 당시 대형 아파트를 분양받을 수 있는 사람들은 사업가, 고위관료, 국회의원 등 상류층이었다. 반면 1979년 입주를 시작한 대치동 은마아파트는 무주택 서민을 위한 30평형대가 대부분이었다.

테헤란로를 경계로 형성된 강남의 신분지형은 사교육 시장과 소비문화에도 그대로 투영된다. 아파트와 고급빌라가 위치한 테북에서는 과외를 선호하는 경향이 강하고, 아파트 단지가 밀집한 테남에는 학원가가 번창한다.

테북에 비해 테남은 교육열이 높다. 부자들이 많은 테북 부모들은 자식이 공부를 못하면 사업을 가르친다. 반면 상대적으로 물려줄 재

테북의 상징성을 띤 압구정동 현대아파트 1976년 입주를 시작한 압구정동 현대아파트는 상류층을 겨냥한 40~60평형대 아파트가 다수였다. ⓒ 전상봉

테남의 상징성을 띤 대치동 은마아파트 1979년 입주를 시작한 대치동 은마아파트는 무주택 서민들을 위한 30평형대가 대부분이었다. ⓒ 전상봉

선릉과 정릉

서울 지하철 2호선과 분당선이 교차하는 선릉역 근처에는 선릉(宣陵)과 정릉(靖陵)이 자리하고 있다. 한때 선릉과 정릉은 3개의 능침이 있다 하여 삼릉(三陵)이라 불리기도 했다. 선릉은 조선 9대 임금 성종과 계비 정현왕후 윤씨의 무덤이며, 정릉은 11대 임금 중종의 무덤으로 흔히 두 능을 일러 선정릉이라 부른다.

성종의 무덤인 선릉은 1495년(연산군 1년)에 조성되었다. 그 뒤 1530년(중종 25년) 성종의 제2계비인 정현왕후 윤씨가 죽자 선릉에 안장되었다. 중종의 능인 정릉은 1562년에 문정왕후가 경기도 고양시 원당에서 이곳으로 이장하여 현재에 이른다. 문정왕후는 사후에 중종과 함께 정릉에 안장되기를 바랐으나 그 뜻을 이루지 못하고 노원구에 위치한 태릉(泰陵)에 홀로 안장되었다.

선정릉은 수난을 꽤 겪은 능이기도 하다. 임진왜란이 한창이던 1593년(선조 26년) 왜병(倭兵)에 의해 파헤쳐지는 수난을 겪었다. 《선조실록》 1593년 4월 13일자의 기사에는 "왜적이 선릉과 정릉을 파헤쳐 재앙이 재궁에까지 미쳤으니 신하로서 차마 말할 수 없이 애통합니다."라는 경기좌도관찰사 성영의 치계와 "이 서장을 보니 몹시 망극하다. 속히 해조

산이 많지 않은 테남의 부모들은 자식을 명문대학에 보내기 위해 교육에 투자한다. 테남과 테북의 소비형태 또한 차이가 있다. 명품의 주된 소비층은 테북에 거주한다. 명품 백화점으로 유명한 현대백화점 압구정점과 무역센터점, 그리고 갤러리아백화점 압구정점이 모두 테북에 위치하고 있는 현실이 이를 말해주고 있다.

로 하여금 의논하여 조치하게 하라."는 선조의 하명이 기록되어 있다. 선릉의 경우 1625년(인조 3년)에는 정자각이 불타고, 그 다음 해에는 능침에 화재가 발생하기도 했다.

2009년 6월 조선 왕릉 40기(총 42기 중 북한 소재 2기 제외)가 세계문화유산으로 등재되었다. 당시 실사를 위해 현장을 방문한 국제기념물유적협의회(ICOMOS) 관계자들은 조선 왕릉 40기 가운데 강남 도심에 숲으로 보존된 선정릉과 비극적으로 생을 마감한 단종의 무덤인 장릉(강원도 영월 소재)에 깊은 관심을 보였다고 한다.

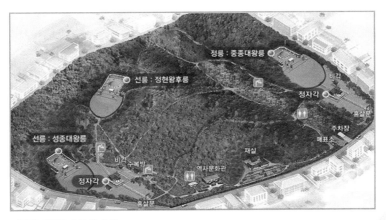

선정릉 조감도 ⓒ문화재청

• 참고 문헌 •

- 강준만,《강남, 낯선 대한민국의 자화상》, 인물과사상사, 2006년
- 김유경, "江南 안의 강남·북… '테남·테북' 아시나요", 조선일보, 2016. 5. 22.
- 박미소 김민관, "테헤란로의 새주인은 누구인가", 중앙일보〈강남통신〉, 2016. 3. 30.
- 박해천,《아파트 게임》, 휴머니스트, 2013년
- 박해천 인터뷰, "아파트로 중산층되던 시절 지났다", 미디어오늘, 2012. 7. 23.

강남공화국,
조물주 위에 건물주가 지배하는 나라

2014년 9월 18일, 강남구 삼성동 소재 한전 부지가 현대자동차 그룹에 낙찰되었다. 5조 원 안팎일 거라는 전문가들의 예상과 달리 현대차가 써낸 가격은 무려 10조 5,500억 원으로 감정가(3조 3,346억 원)의 3배에 달하는 금액이었다.

국토법시행령에 따라 현대차는 한전 부지 매입대금과 함께 1조 7,000억 원의 공공 기여금을 서울시에 납부했다. 예상을 뛰어넘은 거액을 확보한 서울시는 공공 기여금의 일부를 투입, 2025년까지 코엑스 - 현대차 신사옥(글로벌비즈니스센터) - 잠실종합운동장을 잇는 국제교류복합지구(MICE, 마이스)를 만들겠다고 발표했다.

서울시가 마이스 사업계획을 발표하자 강남구가 강력 반발했다. 그동안 구룡마을(강남구 포이동 소재) 개발, 제2시민청 건설, 메르스 사태 들로 사사건건 서울시와 갈등을 빚었던 강남구는 현대차가 한전 부지를 사들이면서 낸 공공 기여금을 왜 송파구 소재 잠실종합운동장을 개발하는 데 쓰느냐고 비판했다. 깊어질 대로 깊어진 서울시와 강남구의 갈등은 2015년 10월 1일 강남구청장 신연희의 '서울시장님께 드리는 공개 질문'으로 비화되었다.

> 서울시는 차라리 가칭 '강남특별자치구' 설치를 중앙에 건의해 아예 강남구를 서울시에서 추방시키실 용의는 없으십니까?

강남특별자치구로 분리 독립하겠다는 주장을 역설적으로 드러낸 강남구청장의 어처구니없는 공개 질문에 사람들은 아연실색했다. 강남이 오늘과 같이 발전할 수 있었던 건 '도심개발억제'라는 강북의 희생에 기초한 것이었다. 강북의 희생을 바탕으로 발전한 강남구는 '특별한 자치구'가 된 지 오래이다.

강남 개발을 촉발한 세 가지 요인

강남 탄생은 서울시의 폭발적인 인구 증가, 남북 대치의 분단 상황, 한·미·일 동맹에 기초한 경제개발계획이 맞물린 결과이다. 해방 당시 90만 명 정도였던 서울 인구는 1959년 200만 명을 돌파했다. 소설가 이호철이 〈서울은 만원이다〉를 동아일보에 연재하던 1966년에는 379만 명을 넘어섰고, 1·21사태가 발생한 1968년에는 433만 명을 헤아렸다. 박정희 정권의 강남 개발은 폭발적으로 늘어나는 인구를 수

서울시장님께 드리는 공개 질문

안녕하십니까? 강남구청장입니다.

여전히 시장님과 소통이 불가능하여 안타깝게 생각합니다.
구청장 입장에서 2가지만 질문을 드리겠습니다.

시장님, 잘 아시는 바와 같이 구(舊) 한전부지는 우리 강남의 중심 중의
중심에 위치하고 있으며, 세계 최고 반열의 경제적 가치를 갖고 있는 전 국
민의 자랑이요, 전 국민의 최대 관심의 땅이라고 생각합니다.

저는 이런 보배로운 땅이 강남구 관내에 소재하고 있는 것을 항상 영광으로
생각 하면서 강남구는 58만 강남구민과 함께 구(舊) 한전부지가 전 국민의
관심에 부응하는 세기적 개발이 되도록 해야 한다는 책임감을 깊이 갖고 있
습니다.

그런데 서울시가 아무리 건축 허가권을 갖고 있는 갑(甲)의 위치에 있다하
더라도 국민과 강남구민의 최대 관심지역 개발을 추진하면서, 헌법상 보장
된 지방자치제 하(下)에서 관내 자치구(강남구)를 한전 부지개발 사전협상에
서 철저히 배제할 수는 없습니다. 아무리 생각해도 기존 사전협상 지침에
자치구 참여가 보장되어 있던 규정까지 삭제해 가면서 강남구를 철저히 배
제하는 이유를 잘 모르겠습니다.

자치구의 인격과 의견을 이렇게 모독해도 되는 것인지 정말 답답합니
다. 지방자치법에 시군구 자치단체와 이익이 충돌할 때는 시군구우선의 원
칙을 규정하고 있는 것으로 알고 있습니다.

또, 2015년 9월 30일자 서울시 보도자료에 따르면, 서울시는 공공성을 이
유로 신축 건물의 높이를 조정한다고 하는데, 이러한 과정에서도 공공성 판단
의 제1순위 주체인 강남구민은 철저히 배제되고 있습니다. 이렇게 자치구
를 철저히 배제하고 법인격을 모독하는 것을 참기가 너무 고통스럽습니다.

이와 관련하여 2가지만 질문을 드리겠습니다. 저의 답답함과 마음 고통을
풀어주시면 감사하겠습니다.

[질문] 1. 한전부지 개발 사전 협상에 강남구를 철저히 배제하는 이유를 하교
(下敎)하여 주시면 감사하겠습니다.

[질문] 2. 이럴 바엔 서울시는 차라리 가칭 '강남특별자치구' 설치를 중앙에
건의해 아예 강남구를 서울시에서 추방시키실 용의는 없으십니
까?
하답(下答)하여 주시면 대단히 감사하겠습니다.

2015. 10. 01.

강 남 구 청 장

서울시장님께 드리는 공개 질문 2015년 10월 1일 신연희 강남구청장은 박원순 서울시장에
게 보내는 공개 질문서를 통해 '강남특별자치구'의 분리 독립을 주장했다. ⓒ 강남구청

용하기 위한 불가피한 선택이었다.

강남 개발의 또 다른 요인은 남북 대치의 분단상황이었다. 한국전쟁 당시 한강인도교 폭파사건은 서울시민들에게 잊을 수 없는 트라우마였다. 극심한 남북 대치상황에서 발생한 1·21사태(1968)와 울진 삼척무장공비침투사건(1969), 그리고 미국의 베트남전쟁 패배(1975)는 서울의 인구를 한강 이남으로 분산하고, 정부의 주요기관을 이전해야 하는 현실적인 이유였다. 이 같은 필요에 의해 강남이 개발되고, 경기도 과천시가 조성되었다.

인구증가와 남북 대치의 분단상황이 강남 개발의 직접적인 이유였다면, 한·미·일 동맹에 기초한 경제개발계획은 강남 개발을 촉발한 거시적 요인이었다. 5·16쿠데타로 집권한 박정희 정권은 미국이 주도하는 자본주의 세계경제질서에 편승하는 수출주도형 경제개발계획을 수립했다. 박정희 정권은 수출주도형 경제개발계획을 추진하기 위해 울산, 포항, 창원 중심의 영남권에 공업단지를 조성하고, 이를 서울과 잇기 위해 경부고속도로를 건설하면서 강남 개발이 시작되었다.

이 같은 요인이 맞물려 시작된 강남 개발은 다음과 같은 과정을 거쳐 완성되었다. 영동토지구획정리사업 이후 반포동 주공아파트 단지와 압구정동 현대아파트 단지가 건설되면서 강남의 골격이 갖춰졌다. 강남고속버스터미널(1976)과 지하철 2호선의 완전 개통(1984)은 강남의 혈관에 해당한다. 서울올림픽을 앞두고 건설된 잠실종합운동장과 한국종합무역센터 등의 주요건물을 비롯하여 지하철 3, 4호선이 개통되면서 강남의 신경계가 연결되었다. 그런 다음 1990년대 크고 작은 건물들이 들어서면서 강남은 비대해진 몸집을 갖게 되었다.

강남의 빛과 그림자

영동토지구획정리사업이 시작된 이래 강남은 상전벽해와 같이 변모했다. 뽕밭이 콘크리트숲으로 변모한 지난 반세기, 강남은 대한민국의 경제 발전을 상징하는 공간이 되었다.

> 세계 어디를 가도 서울은 몰라도 강남은 알 정도로 강남은 강력한 브랜드가 됐다. 서울을 찾는 관광객의 60%가 강남을 보고 갈 정도다.……
> 강남의 경쟁 상대는 국내의 다른 도시들이 아니다. 대한민국의 틀 속에 강남을 가두려고 하면 대한민국 전체가 뒤로 밀리는 결과가 올 수도 있다. 상하이 푸동이나 뉴욕 맨해튼, 파리 16구 같은 도시들과 경쟁할 채비를 갖춰야 한다.
> — [인터뷰] 서울을 넘어선 '대표도시' 꿈꾸는 정순균 강남구청장, 오마이뉴스, 2018. 9. 29.

그렇다. 허허벌판에 불과하던 강남은 반세기만에 사람들이 선망하는 부와 권력의 중심지가 되었고, 브랜드 가치는 서울을 능가할 정도로 눈부시게 발전했다. 그럼에도 불구하고 강남의 찬란한 영예 뒷면에는 다음과 같은 짙은 그림자가 드리워져 있다.

첫째, 강남은 부동산투기의 진원지이다. 일제강점기 지주들은 부동산투기를 통한 자본 이득보다는 소작료 수취에 몰두했고, 해방 뒤에도 이 같은 경향은 변함이 없었다. 그러나 강남 개발과 함께 사정은 달라졌다. 1968년 말죽거리 신화라는 투기붐이 일어난 이후 강남

잠실종합운동장 인근 지하철 2호선 건설 현장 지하철 2호선이 완전 개통(1984)되면서 강남은 빠르게 발전한다. ⓒ 서울역사박물관 디지털 아카이브

은 부동산투기의 진원지가 되었다.

　강남발 부동산투기는 박정희 정권이 주도했다. 박정희 정권은 강남 개발을 추진하면서 투기를 막고 불로소득을 환수하기 위한 조치와 제도를 마련하기는커녕 비자금을 끌어다 투기를 조장하고 일삼았다. 박정희 정권이 조장한 투기로 경제구조는 왜곡되었고 국민들의 경제관념은 비틀어졌다. 이에 대해 〈이제는 말할 수 있다 - 투기의 뿌리, 강남공화국〉을 제작(2004년 4월 11일 방영)한 유현 PD는 다음과 같이 갈파한바 있다.

개발과 성장이라는 이름 아래 진행되어 온 강남의 도시 개발은 그 개발 방식의 속성상, 또 그 개발 주체의 속성상 필연적으로 투기라는 어둔 싹을 자라나게 했다. 그리고 30년 동안 진행된 투기의 역사는 대중의 도덕성을 마비시킨 채 이제 당당하게도 재테크라는 이름으로 둔갑했다. 하지만 투기는 인간의 주거권이라는 근본적인 권리를 박탈할 수도 있는 사회적 범죄행위라는 사실을 깨달아야 한다. 박정희식 성장주의 개발 독재의 폐해는 거대 경제구조의 왜곡으로도 나타났지만, 동시에 대중의 가슴속에 자리 잡은 경제적 도덕성의 근간을 뒤틀리게 하는 결과를 낳은 것이다.　　　　— 유현 외, 《우리들의 현대침묵사》, 184쪽

둘째, 강남 개발과 함께 아파트공화국이 탄생했다. 1974년 6월 반포주공1단지가 완공된 것을 시작으로 강남에는 대단위 아파트 단지가 건설되었다. 서초구 반포동 한신아파트와 경남아파트, 강남구 압구정동 현대아파트와 한양아파트, 송파구 잠실동 잠실주공아파트와 시영아파트 등 대단위 아파트가 동진하면서 지어졌다.

강남의 대규모 아파트 단지 건설은 자폐형 아파트공화국의 출현을 의미했다. 강남 개발을 통해 정부와 서울시가 드넓은 택지를 조성하여 도로만 뚫어 놓으면 민간 건설사들이 아파트는 물론 근린공원과 놀이터를 비롯한 주거시설을 짓는 시스템이 만들어졌다. 이 같은 시스템을 통해 대단위 아파트 단지들이 속속 건설되면서 대한민국은 아파트공화국으로 탈바꿈했다.

셋째, 강남 개발과 함께 토건국가 대한민국이 등장했다. 경부고속도로 건설과 강남 개발을 시작으로 1970년대 중동 건설에 건설사들

이 진출하면서 토건국가 체제가 확립되었다. 토건국가의 등장은 정권과 토건족이 결탁한 공생관계가 확립된 것을 의미한다. 박정희 정권이래 개발주의 정부는 대규모 택지개발 같은 SOC 사업을 추진하여 정치자금을 확보했고, 건설사들은 정부가 추진한 개발사업에 참여하여 막대한 이익을 챙겼다.

정권과 건설사의 공생관계는 여기에 그치지 않는다. 경기 침체 조짐이 보이면 토건족은 부동산 경기부양책이 필요하다는 분위기를 띄우고 정권은 이를 수용, 인위적인 부동산 경기 활성화 정책을 펼쳤다. 이 같은 정권과 토건족의 공생관계를 극단적으로 보여준 사례가 바로 대통령 이명박이 추진한 4대강 사업이다.

넷째, 강남발 부동산 불패신화가 뿌리를 내리면서 대한민국은 조물주 위에 건물주가 지배하는 나라가 되었다. 2017년 3월 경실련이 발표한 "서울 아파트값 30년 간 변화실태 분석"에 따르면 1988년 강남권 아파트는 평당 285만 원에서 2017년 4,536만 원으로 16배 상승했다. 같은 기간 강북권 아파트는 평당 315만 원에서 2,163만 원으로 6배 상승했다. 1988년 강남권의 전세가는 25평 아파트 기준 3,000만 원, 월세는 18만 원이었으나 2017년 전세가는 5억 원, 월세는 192만 원으로 급등했다.

같은 기간 근로소득 증가분과 아파트 가격의 상승분은 비할 바 없이 편차가 커졌다. 1988년 430만 원(월 36만 원)이던 노동자의 임금은 2016년 2,895만 원(월 241만 원)으로 6.7배 올랐다. 같은 기간 비강남권 아파트 가격은 5억 원으로 18.7배 상승했고, 강남권은 11억 원으로 43.1배 뛰었다. 1988년 노동자 임금과 2016년 아파트 가격을 단순

강남구 도곡동일대 강남 개발과 함께 대한민국은 아파트공화국으로 탈바꿈했다. 서울시가 '서울기록화 2000' 사업으로 1999년 10월 촬영했다. ⓒ 서울특별시

비교해 보면 강남권은 264배, 비강남권은 126배 차이가 난다. 요컨대 땀 흘려 번 돈으로는 도저히 집을 살 수 없는 사회가 된 것이다. 그 결과 초등학생들의 장래 희망이 건물주인 세상이 되고 말았다.

아름다운 서울에서 살으렵니까?

종이 울리네 꽃이 피네
새들의 노래 웃는 그 얼굴
그리워라 내 사랑아
내 곁을 떠나지마오
처음 만나서 사랑을 맺은

'서울의 찬가' 노래비 강남 개발이 시작될 무렵인 1969년 1월 발표된〈서울의 찬가〉(작사·작곡 길옥윤, 노래 패티김)는 서울시장 김현옥이 작곡가 길옥윤에게 희망적인 메시지를 담은 노래를 만들어 달라는 요청에 따라 만들어졌다. 노래비는 1995년 10월 길옥윤을 추모하기 위해 세종로공원에 건립되었다. ⓒ 전상봉

　정다운 거리 마음의 거리

　아름다운 서울에서

　서울에서 살으렵니다

　1969년 1월 발표된〈서울의 찬가〉(작사, 작곡 길옥윤, 노래 패티김)의 노랫말이다. 이 노래가 발표될 무렵 대통령 박정희는 장기집권을 위해 3선 개헌에 골몰하면서 제2차 경제개발5개년계획(1967~1971)을 추진했다. 이즈음 불도저 서울시장 김현옥은 시민아파트 건설에 열을 올렸고, 제3한강교가 완공되어 강남 개발이 시작되었다.

　그때 이후 반세기가 지났다. 지난 반세기 서울은 동서고금을 막론

하고 유례를 찾을 수 없는 초고속 압축성장을 거듭하여, 1천만 명이 모여 사는 메트로폴리스로 발전했다. 세계적인 도시로 성장한 서울, 과연 양적인 성장만큼 질적으로도 성숙한 도시일까?

서울시가 발간한 〈2016 서울서베이〉의 통계를 살펴보면 강남과 강북의 편차는 너무 크다. 서울시 25개 자치구 중 강남구에 사는 세대주의 51.1%가 4년제 대졸 이상의 학력 소지자인 데 비해 강북구는 26.5%에 불과하다. 대기업 본사가 몰려 있는 강남구의 재정자립도는 60.0%이나 노원구는 15.9%에 머무른다. 교육재정 지원액은 강남구가 177억 원인 데 비해 금천구는 29억 원에 그친다.

이처럼 강남과 강북의 격차는 한강보다 넓고도 깊다. 이런 격차가 온존하는 상황에서 서울은 정말 살기 좋은 도시일까. 문득 반세기 전 서울시가(市歌)로 발표된 〈서울의 찬가〉의 노랫말이 역설적인 질문이 되어 귓가에 맴돈다.

올림픽공원에서 바라본 아파트단지 송파구 잠실동에 위치한 파크리오아파트는 잠실시영아파트를 헐고 2008년 재건축됐다. ⓒ 전상봉

"아름다운 서울에서 살으렵니까?"

• 참고 문헌 •

- 강준만,《강남, 낯선 대한민국의 자화상》, 인물과사상사, 2006년
- 경실련, "서울 아파트값 30년간 변화실태 분석", 경제정의실천시민연합, 2017.
  3. 6.
- 발레리 줄레조,《아파트공화국》, 후마니타스, 2007년
- 서울연구데이터베이스,〈통계로 본 서울 인구〉, 서울특별시, 2017년 12월 6일
  열람(http://data.si.re.kr/statistics-seoul)
- 서울특별시,〈2016 서울서베이〉, 서울특별시 정보기획관, 2016년 12월
- 전강수, '1970년대 박정희 정권의 강남개발',《역사문제연구》제28호, 역사문제
  연구소, 2012. 10.

★여유당출판사에서는 이 책에 실린 사진에 대해 저작권자의 허락을 받기 위해 최선을 다했습니다. 혹시 내용이 빠졌거나 잘못 기록된 부분이 있으면 판권에 있는 출판사로 연락 바랍니다. 내용은 2쇄 때 바로잡을 것이며, 저작권 사용료 또한 출판 관행에 따라 제대로 처리하겠습니다.

1판 1쇄 찍은날 2018년 11월 30일
1판 1쇄 펴낸날 2018년 12월 10일

글쓴이 전상봉
펴낸이 조영준
펴낸곳 여유당출판사 출판등록 395-2004-00068
주소 서울시 마포구 동교로 27길 53, 201호 | 전화 02-326-2345 전송 02-6280-4563
전자우편 yybooks@hanmail.net | 블로그 http://blog.naver.com/yeoyoubooks

ISBN 978-89-92351-72-0

이 도서의 국립중앙도서관 출판시도서목록(CIP)은
서지정보유통지원시스템 홈페이지(http://seoji.nl.go.kr)와 국가자료공동목록시스템
(http://www.nl.go.kr/kolisnet)에서 이용할 수 있습니다.(CIP제어번호: CIP2018035874)